Kochen Unplugged 2

CHRISTOPH BRAND

featuring

MARK FORSTER / ASD / CHIMA / TIM BENDZKO / XAVIER NAIDOO UND MOSES PELHAM / CHEFKET / ELIF
FETSUM / MARTERIA / NICO SUAVE UND JOHANNES OERDING / TEESY UND GERARD

VORWORT

STEPHAN SZILLUS – SEPTEMBER 2015

Vor gut zwei Jahren veröffentlichte Christoph Brand sein Buch „Kochen Unplugged“. Die Vision dahinter war, sich zusammen mit Künstlern an den Herd zu stellen und ihre musikalischen Ideen in essbare Kreationen zu übersetzen. Dieser Prozess wurde fotografisch und schriftlich dokumentiert; das Buch wurde zum Überraschungserfolg. Bei der Zusammenstellung der prominenten musikalischen Gäste half Brand sein umfangreiches Netzwerk aus der Musikindustrie und speziell der deutschen Hip-Hop-Szene, als deren Teil er sich seit gut 20 Jahren versteht.

Christoph Brand ist ein talentierter, kreativer Koch, doch seine Leidenschaft gilt ebenso der Musik – speziell dem Hip-Hop, der ihn schon seit seiner Jugend eng begleitet. Das Handwerk lernte er von der Pike auf in zwei kleinen Betrieben in seiner Heimat, dem nordhessischen Fritzlar. Mit 29 Jahren wurde er Küchenchef in einem Hotelrestaurant, dann entwickelte er sein Konzept der „Fliegenden Köche“ und setzte alles auf eine Karte: Er machte sich mit seiner Idee eines mobilen Event-Catering-Service selbstständig. Seither ist Brand deutschlandweit im Namen der Kochkunst unterwegs. Besonders Künstler, Festivalbetreiber und Tourneeveranstalter schätzen seine Arbeit und heuern ihn immer wieder für ihre Projekte an.

Doch Brand wäre nicht Brand, wenn er in den letzten Jahren nicht noch mehr als eine Handvoll weiterer kulinarischer Projekte eröffnet hätte: So betreibt er neben den „Fliegenden Köchen“ immerhin auch noch das eigene Restaurant „Amy’s Weinhaus“ in Kassel, fährt seinen Foodtruck und ist kulinarisch für Samy Deluxe im „Gefundenen Fressen“, dem Barbecue-Haus im Hamburger Karoviertel, involviert, genauso wie in dem kleinen Laden „Heimat“ in Kassels Mitte. Brand ist ein Getriebener, der seine Vision der Verbindung von Kulinarischem und Kunst mit gesundem Ehrgeiz vorantreibt und dabei ein Arbeitspensum vorlegt, das an Selbstaufgabe grenzt.

Die erste Idee zu einem musikalischen Kochbuch hatte Brand schon 2009, als er mit dem Rapper Curse ein Rezeptbuch zu dessen Album „Freiheit“ entwickelte. Für „Kochen Unplugged“ traf sich Christoph Brand dann mit verschiedenen Künstlern, die ihn in seiner Laufbahn musikalisch begleitet hatten, und kochte mit ihnen jeweils ein eigens auf sie zugeschnittenes Menü, wobei sowohl die Auswahl der Location als auch die der zubereiteten Speisen mit den Künstlern abgestimmt wurde. Das Konzept „Unplugged“ bedeutete dabei: keine Geschmacksverstärker, keine künstlichen Aromen, kein unnötiges Beiwerk. Am Ende stand jeweils ein gemeinsames Essen mit den Künstlern und ihrem Umfeld. So wuchs ein ganzheitliches Dokumentationsprojekt aus Kochkunst, Musik und Fotografie.

Den zweiten Teil zu „Kochen Unplugged“ hatte Brand schon im Kopf, da war der erste Teil noch nicht einmal final gedruckt. Zu viele Künstler hatten es aus Termin- und Zeitgründen nicht mehr geschafft, sich für den Vorgänger zur Verfügung zu stellen. Andere sahen erst das Ergebnis und wollten nun auch gerne dabei sein. Kurzum: Zu viele Shootings wollten noch gemacht, zu viele Ideen noch umgesetzt werden, als dass man dieses Projekt nach nur einer Ausgabe schon hätte aufgeben können. „Kochen Unplugged 2“ ist eine Fortsetzung, aber auch eine Weiterentwicklung des ersten Teils. Für viele Shootings wurden zwei Künstler zusammengebracht, die entweder eine gemeinsame musikalische Geschichte oder ein anderweitiger Hintergrund verbindet. Vor allem jedoch geht es wieder mal um die beiden wesentlichen Dinge im Leben von Christoph Brand: gutes Essen und gute Musik.

VIEL SPASS UND GUTEN APPETIT !!!

INHALT

3
VORWORT
STEPHAN SZILLUS

6
10 KOCHGESETZE
CHRISTOPH BRAND

8
KOCHEN UNPLUGGED 2
CHRISTOPH BRAND

12
MARK FORSTER
PAELLA „ALL IN“
„GESURFT UND GETURFT“ MIT SPINAT HOLLANDAISE
STICKY RICE MIT NACHTFLUG MANGO

38
ASD
FISCHBRÖTCHEN UND MAULTASCHEN-BURGER VON HAMBURG BIS 0711
PULLED HÄHNCHEN MIT TOMATEN-GRAFFITI UND BARBECUE-LACK
GEFUNDENES-FRESSEN-CHEESECAKE MIT FLAMBIERTER NEKTARINE

64
CHIMA
KÜRBISSUPPE MIT KERNKROKANT UND ÖL
TAGLIATA IN DER HERBSTVERSION MIT TOPINAMBUR, KRÄUTERSEITLINGEN UND CRANBERRYS
OFENFEIGEN MIT ZIEGENKÄSE UND WALNUSS

90
TIM BENDZKO
ROTE BETE UND KAROTTEN NACKT MIT CASHEWKARAMELL
PIZZA „VEGAN“ MIT DREIERLEI TOMATE UND KÄSE
AVOCADO-BANANEN-KUCHEN MIT DATTEL UND NUSS

116
XAVIER NAIDOO UND MOSES PELHAM
CARBONARA VEGAN MIT GEWICKELTEM SPARGEL
KOKOSCURRY „QUER DURCH DEN GARTEN“
RHABARBER-ERDBEER CRUMBLE MIT JOGHURT

142
CHEFKET
LACHS ROH MIT SCHARFER GURKE UND HUMMUS
APRIKOSENHÜHNCHEN JM
MELONENMASCARPONE

168

ELIF

CRUNCHY KARTOFFELSALAT MIT ZIEGENKÄSE, BLÜTEN UND HIMBEERVINAIGRETTE
LACHS GEZUPFT MIT SÜSSKARTOFFELN, KORIANDERPESTO UND KNOBLAUCHJOGHURT
SAURE CRÈME BRULÉE MIT SÜSSEN APRIKOSEN

194

FETSUM

BURRATA MIT TOMATENHONIG, OLIVE UND BASILIKUM
TONNATO VITELLO IN HEISS
BLAUBEEREN, GESCHICHTET MIT RICOTTA UND AMARETTINI

220

MARTERIA

BACKBARSCH MIT REMOULADE IM WECKE
OFENZANDER MIT VIEL KRÄUTERN
GEFLÄMMTE ANANAS PLUS TOUR-SMOOTHIE

246

NICO SUAVE UND JOHANNES OERDING

LINSENSUPPE MIT KORIANDERJOGHURT UND SESAM
BEEF DÖNER
HAMBURGER ROTE GRÜTZE MIT VANILLE

274

TEESY UND GERARD

KALBSTATAR MIT SELLERIEPÜ UND WIESENKRAUT
PULLED PORK MEETS BOLOGNESE
FROSTIGE HIMBEERHÖRNCHEN

301

DAS LETZTE WORT

VON STEVAN PAUL

302

DAS ALLERLETZTE WORT

CHRISTOPH BRAND

DIE 10 KOCHGESETZE

WIESO, WESHALB, WARUM

27. JULI 2015, BEATGEES-STUDIO, MIT CURSE

Mein Wunsch, mit Curse die „10 Rapgesetze“ in die „10 Kochgesetze“ zu übersetzen und das Ding obendrein aufzunehmen, ist in Erfüllung gegangen. Curse hat die Geschichte der Fliegenden Köche ab dem zweiten Jahr immer wieder ein bisschen mitgeschrieben. Er war der erste musikalische Gast bei mir im Headquarter, war gleich der zweite Gast für das erste „Kochen Unplugged“-Buch, wir haben in einem gemeinsamen Buch das komplette „Freiheit“-Album verkocht, haben immer mal wieder auf Tour gekocht, bei „10 Jahre Feuerwasser“, zum Videodreh von „Wenn ich die Welt aus dir erschaffen könnte“ und zuletzt war er mit „Uns“ live in Amy's Weinhaus. Seit seinem ersten Auftritt bei uns hat uns immer dieses Rap-/Kochgesetz Nummer 7 begleitet:

„Du musst Hip-Hop lieben, als wärst du immer Fan geblieben.“ bzw.
„Du musst kochen lieben, als wärst du immer Gast geblieben.“

und bis heute unsere Philosophie unterstrichen.

Curse wird immer einen Stein in meinem Brett haben, weil er das alles schon supportet hat, auch und gerade in der Zeit, wo uns noch keiner kannte, und vielen nicht so richtig klar war, dass wir zu den Guten gehören. Danke dafür. Wenn man sich die „10 Kochgesetze“ anhört, sollte man es natürlich mit ein bisschen Augenzwinkern tun, wobei es nicht schadet, das Original zu kennen, denn man erkennt trotzdem ein weiteres Mal, wie nah sich Musik- und Kochbusiness wirklich sind. Die kleinen und großen Probleme, der tägliche Battle und vielleicht auch die Ellenbogen spiegeln sich eins zu eins wider – nur statt hinter den Kulissen, auf Platte oder auf der Bühne jetzt eher in der Küche, auf dem Teller oder direkt daneben.

„Wenn der Vorhang fällt, sieh hinter die Kulissen
die Bösen sind oft gut und die Guten sind gerissen
Geblendet vom Szenario erkennt man nicht
die wahren Dramen spielen nicht im Rampenlicht.“

… auch so ein paar Zeilen, die die Parallelen perfekt zeigen.

DIE 10 KOCHGESETZE

NACH ZWANZIG JAHREN AM HERD WEISS ICH EIN BISSCHEN BESCHEID
DAS DING IST HEISS, WEIL JEDER SICH UMS RAMPENLICHT REISST
UND DAS IST GEIL, WEIL KONKURRENZ BEKANNTLICH DAS GESCHÄFT BELEBT
AUS KÖCHEN WERDEN POPSTARS UND TV-CELEBRITIES
DOCH AUCH DAS BESTE REZEPT HILFT REIN GAR NICHTS DA, WO KEIN PLAN IST
'NE FESTE BASIS MUSS SEIN, DA SIE GRUNDSTEIN FÜR JEDE TAT IST

ALSO ERSTENS: FRAG DICH, OB'S DIR DAS WIRKLICH WERT IST
KOCHST DU, WEIL'S DIR AM HERZ LIEGT ODER
WEIL DER SCHEISS ZURZEIT KOMMERZ IST?
KOHLE SCHEFFELN LEUTE, DIE EWIGKEITEN DABEI SIND
IHR LEBEN DAFÜR BEREIT SIND, ZU GEBEN, DASS SIE SO WEIT SIND.

ZWEITENS: DAS PEINLICHE NACHKOCHEN VERMEIDEN
VON DEN MEISTEN, DIE DAS TUN, SIND DIE WENIGSTEN WIRKLICH EIGEN

NUMMER DREI: BEIM KOCHEN MUSS MAN ÜBEN UND SCHICKEN TRENNEN
LIEBER EIN GERICHT, DAS BRENNT, ALS LEBENSMITTEL VERSCHWENDEN
DENN DER GAST IST MEGA-ABGETURNT, WENN ES NICHT BURNT
GIB DEN LÖFFEL AB, SAG PEACE, UND MACH SIE PLATT, WENN DU RETURNST

NUMMER VIER: SETZ DICH HIN, SPITZ DEN STIFT, NIMM PAPIER
LERN, KONKURRENZ ZU RESPEKTIEREN UND IHRE STÄRKEN ZU STUDIEREN

NUMMER FÜNF IST SO WICHTIG, WIE NICHTS IST IN DIESEM BUSINESS
DA CATERING WOHL KAMPFSPORT IST, SEI DRAUF GEFASST, DASS DU IM PITCH BIST

SECHS: FIND DEINEN EIGENEN STIL, WIE DU ABSCHMECKST
DENN WIE DU SALZ UND PFEFFER SETZT,
IST DIE FORMEL FÜR DEINEN KONTEXT UND DEIN GESAMTKONZEPT

UND DAS FÜHRT UNS DIREKT ZU NUMMER SIEBEN
DU MUSST KOCHEN LIEBEN, ALS WÄRST DU IMMER NUR GAST GEBLIEBEN
DER FAME UND DIE GANZE SCHEISSE SIND GEIL UND MAN SOLL'S GENIESSEN
DOCH OHNE PERFEKTES TEAM WÄRE KEINER VON UNS GESTIEGEN

NUMMER ACHT IST SO ÄHNLICH WIE SIEBEN, UND DAS GEHÖRT SICH
GIB RESPEKT AN DIE KÖCHE, DIE SPÜLER UND AN DEN SERVICE

NUMMER NEUN: DU DARFST AUF KEINEN FALL SCHLAFEN, ABER MUSST TRÄUMEN
FOKUSSIER DICH AUF DEIN ZIEL, UM DIE HÜRDEN VOM WEG ZU RÄUMEN

NUMMER ZEHN IST DIE EIGENTLICH ERSTE VON ALLEN REGELN
GUTE KÖCHE KÖNNEN FLIEGEN, DAS WAR ES VON MIR,
JETZT KÖNNEN DIE ANDEREN SCHLIESSEN

KOCHEN UNPLUGGED 2

WAS PACK ICH EIN, WAS NEHM ICH MIT

Es geht ja immer um kleine und große Träume, Wünsche und Ziele ... und was soll ich sagen, ich habe sie mir erfüllt und ich erfülle sie mir, im Privaten mit der besten Frau der Welt und meinen 2 fabelhaften Mädels, im Beruflichen mit den fliegenden Köchen in einem wirklich großartigen Team und ein paar Händen voll großartiger Kollegen und eben auch in meinem kleinen Universum, das sich „Kochen Unplugged" nennt, und ja, ich bin Fan geblieben, und ja, ich bin immer wieder auf der Suche nach dem nächsten und dem übernächsten Projekt, und nein, man bekommt nichts geschenkt, und nein, es fällt einem auch nichts in den Schoß. Es ist eine Mischung aus „Ich bin ich", „Echt erkennt Echt" und einer Menge Arbeit. Nichts ist zufällig in diesem Buch, es gibt immer die kleine und die große Geschichte und meine Beziehung zum jeweiligen Künstler und zu dem, was mich in den meisten Fällen als Erstes auf ihn geschubst hat – seine Musik, ein Song, eine Textzeile. Jedes Shooting vielleicht ein bisschen unmöglich, logisch, fantastisch und grundverschieden, aber alle eint diese Liebe zur Musik und alle auf ihre Art und Weise auch die Liebe zum Kochen bzw. manchmal auch nur die Liebe zum Essen. Reicht ja auch.

Elfmal haben wir es diesmal getan, manchmal allein, zu zweit, manchmal volle Bude, auf hoher See, im Truck, in der Küche, im Club, in der Heimat, egal wo, zwei Dinge teilen alle Shootings: das sensationelle Wetter, während das Buch entstanden ist, und dieses wirklich gute Gefühl, das alle Shootings eint. Dass ich das alles mit Kochen verbinden darf und kann, ist wohl mein persönliches „Glücksrezept", mein „Pures Gift", mein „Seelenheil", mein „Go" und mein „Schnaps für alle". Es fühlt sich so gut an wie „200 Tage Sommer", wie „Neu", wie „Mehr davon", wie „Glücklichster Rapper" und „2 Finger an den Kopf", und wenn ich jetzt gerade mal ganz, ganz kurz zurückgucke, war es jedes „Risiko" und dieses „So oder gar nicht" zu 100 Prozent wert, und es werden wahrscheinlich die „kleinen Dinge" sein, die schlicht „Unvergesslich" bleiben ...

„KOCHEN UNPLUGGED" – NIE OHNE DICH, NIE OHNE MICH

CHRISTOPH BRAND

MARK FORSTER

KASSEL

Wie Mark hier in diesem Buch gelandet ist? Ganz einfach: Er hat mich berührt. Mir geht es mit Musik immer so: Es gibt diese Momente, in denen man ein Lied hört, das einen in dieser bestimmten Situation sofort bekommt – oder es bleibt einfach irgendein Song, keiner, der tiefer geht, der berührt und der für immer bleibt.

ES SIND DIE KLEINEN DINGE, DIE MANCHMAL FEHLEN

Mark habe ich zum ersten Mal gesehen und gehört, als ich nach einem 18-stündigen Arbeitstag nach Hause kam, noch ein wenig durch das TV-Programm zappte und ihn plötzlich in einer Übertragung des SWR3-New-Pop-Festivals entdeckte. Sein Song „Wo ist dein Feuer hin“ zwang mich dazu, bis zum Ende dranzubleiben und mir gleich am nächsten Tag sein Album „Karton“ zu kaufen. Seitdem hat Mark es immer wieder mit seinen Liedern geschafft, sich in meinem Ohr festzusetzen. Dass er wahrscheinlich der erste Junge ist, den meine beiden Engel Jule und Anni anhimmeln, macht ihn auch nicht gerade unsympathischer.

SKIP: KATHEDRALE VON PALMA DE MALLORCA, 13. JUNI 2014

36 Grad, meine Jule auf den Schultern, Telefon klingelt, Nummer unbekannt. Mark ist dran. Unser gemeinsamer Buddy Timo Holstein hatte uns miteinander verbunden. Mark sagt tatsächlich sofort zu. Manchmal passieren diese kleinen Dinge einfach so und hinterlassen ein gutes Gefühl. Ein paar SMS später, Mark war zwischenzeitlich auf Tour in Kassel gewesen – und alles war besprochen. Immer verlässlich und direkt. Er gibt einem dieses grundsympathische, gute Gefühl.

SKIP: FLIEGENDES HEADQUARTER KASSEL, 6. JUNI 2015

30 Grad und das Wetter ist so schön, dass wir das Shooting kurzerhand nach draußen verlegt haben. Innerhalb von drei Stunden haben wir nicht nur alles gekocht und gegrillt, sondern haben auch noch sehr gemütlich mit der Crew und der Familie in der Sonne gegessen.

Die erste Idee, in Malaga zu kochen, war großartig. Aber irgendwann holte mich die Zeit ein und wir mussten auf Kassel ausweichen. Die Paella wäre in Malaga ja quasi zu Hause gewesen, haben wir aber vor dem Headquarter auch großartig hinbekommen. Das Rinderfilet und der Hummer hatten ihre kleine Vorgeschichte ja schon bei „Grill den Henssler“, weshalb ich es gerne noch mal in meiner Version versucht habe, und damit hätten wir ihn gef..... Der Sticky Rice zum Nachtisch war zu hundert Prozent Marks Idee, ist aber seit dem Shooting definitiv auch auf meiner Hitliste geblieben.

SKIP: JETZT

Eben noch im CD-Player meiner Töchter, jetzt auf meinen Ohren – und was bleibt, ist einfach dieses gute Gefühl.

ICH SCHENKE MIR NOCH MAL NACH,
WERDE LANGSAM SENTIMENTAL

Mark
Forster

TITUS

TITUS
SKATEBOARDS

TITUS
SKATEBOARDS

Weinhaus
15
Lilienthalstraße
EPAL

PAELLA „ALL IN“

Zutaten für 4 Personen

ZUTATEN

FÜR DIE PAELLA

400 G Arroz Bomba (Paella-Reis)
4 kleine Hähnchenschenkel
200 G Pulpo, gekocht und geschnitten
8 Garnelen, entdarmt, aber gerne mit Schale
8 Grünschalenmuscheln
½ Zucchini, gewaschen und gewürfelt
1 rote Paprika, gewaschen und gewürfelt
1 gelbe Paprika, gewaschen und gewürfelt
200 G Erbsen, frisch gepult
1 rote Zwiebel, geschält und gewürfelt
2 Knoblauchzehen, geschält und sehr fein geschnitten
200 ML Weißwein
800 ML Gemüsebrühe
1 G Safranfäden
1 Zitrone
gutes Salz, Pfeffer aus der Mühle, Cayennepfeffer, Olivenöl

FÜR DIE SAUCE

250 ML Ajvar
100 ML Mayonnaise, gerne selber gemacht
1 Knoblauchzehe, geschält und sehr fein geschnitten
4 STANGEN Frühlauch, geputzt und sehr fein geschnitten
1 Chilischote, gerne mit Kernen, sehr fein geschnitten
4 ESSLÖFFEL Olivenöl
SAFT UND ABRIEB VON 1 Zitrone
1 TEELÖFFEL brauner Zucker oder Honig
Salz und Pfeffer aus der Mühle zum Abschmecken

ZUBEREITUNG

FÜR DIE PAELLA

Hähnchenschenkel salzen und mit den Zwiebeln und dem Knoblauch in reichlich Olivenöl in der Paella-Pfanne anbraten. Den Safran dazugeben und kurz danach den Reis und alles zusammen 2 Minuten mit anschwitzen. Jetzt die Garnelen dazugeben, genauso wie die Erbsen, die Paprikas, die Muscheln und die Zucchini. Einmal durchrühren und gleich mit dem Weißwein ablöschen, unter ständigem Rühren jetzt immer wieder Brühe dazugeben. Kurz bevor die Paella fertig ist (der Reis darf ruhig leichten Biss haben), den Pulpo noch unterrühren und mit Zitrone, Salz, Pfeffer und Cayennepfeffer abschmecken.

FÜR DIE SAUCE

Alle Zutaten gut miteinander verrühren und mit Pfeffer und Salz abschmecken.

„GESURFT UND GETURFT“
MIT SPINAT HOLLANDAISE

Zutaten für 4 Personen

ZUTATEN

FÜR DEN HUMMER

2 Hummer

FÜR DAS RINDERFILET

4 Filetsteaks à 180 G
1 Zweig Rosmarin
1 Zweig Thymian
Olivenöl
Salz, Zucker und Pfeffer aus der Mühle

FÜR DIE HOLLANDAISE

4 Handvoll Spinat, geputzt
2 Eigelb
200 G Butter, gerne geklärt
30 ML Weißwein
Saft und Abrieb von ½ Zitrone
1 Schalotte, sehr fein gewürfelt
½ Knoblauchzehe, geschält und sehr fein zerdrückt
Salz, Pfeffer aus der Mühle
eventuell etwas Cayennepfeffer, Olivenöl

ZUBEREITUNG

FÜR DEN HUMMER

Einen Topf mit reichlich Wasser zum Kochen bringen und gut salzen. Den Hummer in das kochende Wasser geben und nach 5 Minuten wieder rausnehmen und in Eiswasser abschrecken, sodass er nicht nachgaren kann. Den Hummer längs halbieren, den Schwanz vorsichtig rausnehmen und von Darm und Innereien befreien. Die Scheren ebenfalls vorsichtig ausbrechen und beides beiseitestellen. Kurz bevor das Rinderfilet fertig ist, den Hummer kurz mit dazulegen, damit er heiß wird; bitte nicht totgrillen.

FÜR DAS RINDERFILET

Das Rinderfilet leicht salzen und zuckern und auf dem Grill kurz scharf angrillen und dann in der Ruhezone 12 Minuten bei schwacher Hitze und Deckel fast zu ruhen lassen. Wir haben es dann noch mal ganz kurz mit den Kräutern in der heißen Pfanne durch Olivenöl gezogen. Vor dem Servieren gut pfeffern, eventuell noch mal salzen.

FÜR DIE HOLLANDAISE

Den Spinat in etwas Olivenöl zusammen mit dem Knoblauch und der Schalotte kurz anschwitzen, mit Salz und Pfeffer abschmecken und im besten Fall fein mixen. Die Eigelbe zusammen mit dem Weißwein mit Fingerspitzengefühl über dem Wasserbad in einer Schüssel aufschlagen, vom Wasserbad nehmen und mit Gefühl langsam unter ständigem Rühren die leicht warme Butter reinlaufen lassen, den gemixten Spinat unterrühren und das Ganze mit Zitronenabrieb und Saft und eventuell Cayennepfeffer abschmecken.

STICKY RICE
MIT NACHTFLUG MANGO

Zutaten für 4 Personen

ZUTATEN

FÜR DEN RICE

150 G Klebereis
150 ML Wasser
150 ML gute Kokosmilch
Mark von ½ Vanilleschote
Abrieb und Saft von 1 Orange
50 G Zucker

AUSSERDEM

1 reife Mango
frische Minze für die Optik

ZUBEREITUNG

FÜR DEN RICE

Den Klebereis auf ein Sieb geben und 3- bis 4-mal mit kaltem Wasser abwaschen. Den Klebereis dann am besten in einem beschichteten Topf oder einer beschichteten Pfanne unter ständigem Rühren in den 300 ml Wasser köcheln, bis die Flüssigkeit so gut wie weg ist. Dann die Kokosmilch, das Vanillemark, den Zucker und den Orangenabrieb und -saft dazugeben, durchrühren und abgedeckt für 30 Minuten beiseitestellen. Im besten Falle ist der Sticky Rice dann schön kompakt und man kann ihn anrichten.

AUSSERDEM

Mango schälen und vom Kern runterschneiden; in Würfel schneiden und zusammen mit dem Rice und der Minze anrichten.

ASD

HAMBURG

12. September 2015, Stadtgarten Hamburg. Seit 20 Jahren steht Samy Deluxe auf der Bühne und es ist einer dieser Abende: Entspannte Stimmung im Backstage, wir haben gegrillt, gefühlt sind alle gekommen, es folgt ein unfassbarer Abriss drei Stunden lang auf der Bühne mit dem krönenden Abschluss „Sneak Preview", der noch einmal beweist, was für eine Energie in diesem Lied, aber vor allem in Samy Deluxe und Afrob, sprich: ASD, steckt.

„JA, HIER KOMMT ASD, DAS BESTE, WENN ES UM RAP GEHT EXTREM WIE SEXSZENEN, KIDS SOLLTEN WEGSEHEN!"

Wohl der beste deutsche Live-Rap-Track aller Zeiten. Punkt. Ich spul noch mal zurück: 1998, Dynamite Deluxe, „Pures Gift". Diese sagenumwobene 12"-Maxi, die im fliegenden Headquarter steht und von der es wohl nur 500 Stück gibt. Ein guter Freund hat sie mir damals von einem Konzert aus Hamburg mitgebracht und sie hat in unserem Proberaum definitiv für große Augen gesorgt. Das Ding ist von 1998 und könnte schon heute noch laufen.

„PURES GIFT, SCHORE FÜR DIE OHR'N, UNGESTRECKTE HITS VON DYNAMITE DELUXE"

SKIP: BAUNATAL, HESSENTAG 1999

RAG, Curse, die Halle füllt sich nach und nach bis auf den letzten Platz. Dann kommen Dynamite Deluxe und reißen die Halle in knapp einer Stunde komplett ab. Alles aus. Ich weiß noch ganz genau, dass wir noch wochenlang von diesem Auftritt erzählt haben. Das gab es zu diesem Zeitpunkt so in Deutschland noch nicht. Ich glaube sogar, bis heute gibt es nicht viele, die live so abliefern.

SKIP: HIPHOP OPEN STUTTGART, 15. JULI 2000

Mein erstes Mal Afrob live. Sein „Rolle mit Hip Hop" ist auch heute noch eines der besten deutschen Rap-Alben überhaupt. Live liefert Robbe mit einer Energie ab, die einen sofort kriegt. Damals haben wir natürlich immer auf „Reimemonster" gewartet, um richtig auszurasten – zu dieser Zeit war es einfach die Überhymne. Dass ich auf dem ersten HipHop Open als Gast war und beim letzten HipHop Open gekocht habe, ist nur eine vergleichsweise kleine Geschichte am Rand.

„ICH LIEB' DEN SCHEISS, STEH' DAHINTER – EINTAUSEND PROZENT"

SKIP: FRÜHJAHR 2015

Samy erzählt mir, dass es ein neues ASD-Album geben wird, und spielt mir auch ein paar erste Tracks vor. Ich sitze glückselig auf der Studiocouch, und während die ersten Bretter von „Blockbasta" laufen, sagt mir Curse: „Du musst Hip-Hop lieben, als wärst du immer Fan geblieben."

SKIP: 26. AUGUST 2015, SHOOTING IN DER KUNSTWERKSTADT

Ich stehe mit Samy und Afrob in der Küche, Scotty malt nebenbei mit ein paar Kollegen eine riesige Wand. Zum Essen kommen Ali As, Chefket, Farhot, Julian Williams, Bengio, Vito ... ey, alles klar? Ich bin immer noch Fan geblieben. Es fühlt sich so gut an, überall liegt Kreativität in der Luft: Writer, Rapper, DJs, Produzenten. Wir kochen. Alles das, was ich immer wollte.

In der Vorspeise haben wir mit Fischbrötchen Deluxe und einem Maultaschen-Burger die Heimatstädte der beiden Rapper zusammengebracht: Maultaschen im Burger, zusammen mit Röstzwiebeln und einer roten Mayo für Stuttgart und die Fischbrötchen Deluxe mit paniertem Seeteufel, hausgemachter Remoulade und Kopfsalat für Hamburg. Den Hauptgang und auch den Nachtisch haben wir sowohl dem Geschmack der beiden gewidmet als auch dem „Gefundenen Fressen", Samys eigenem Restaurant im Karoviertel, bei dem ich quasi sein kulinarischer Back-up bin. Alles ein bisschen im amerikanischen BBQ-Gewand, und zum Nachtisch gibt es Cheesecake im Blech mit karamellisierten Nektarinen.

ALPHA, OMEGA, ANFANG, ENDE.

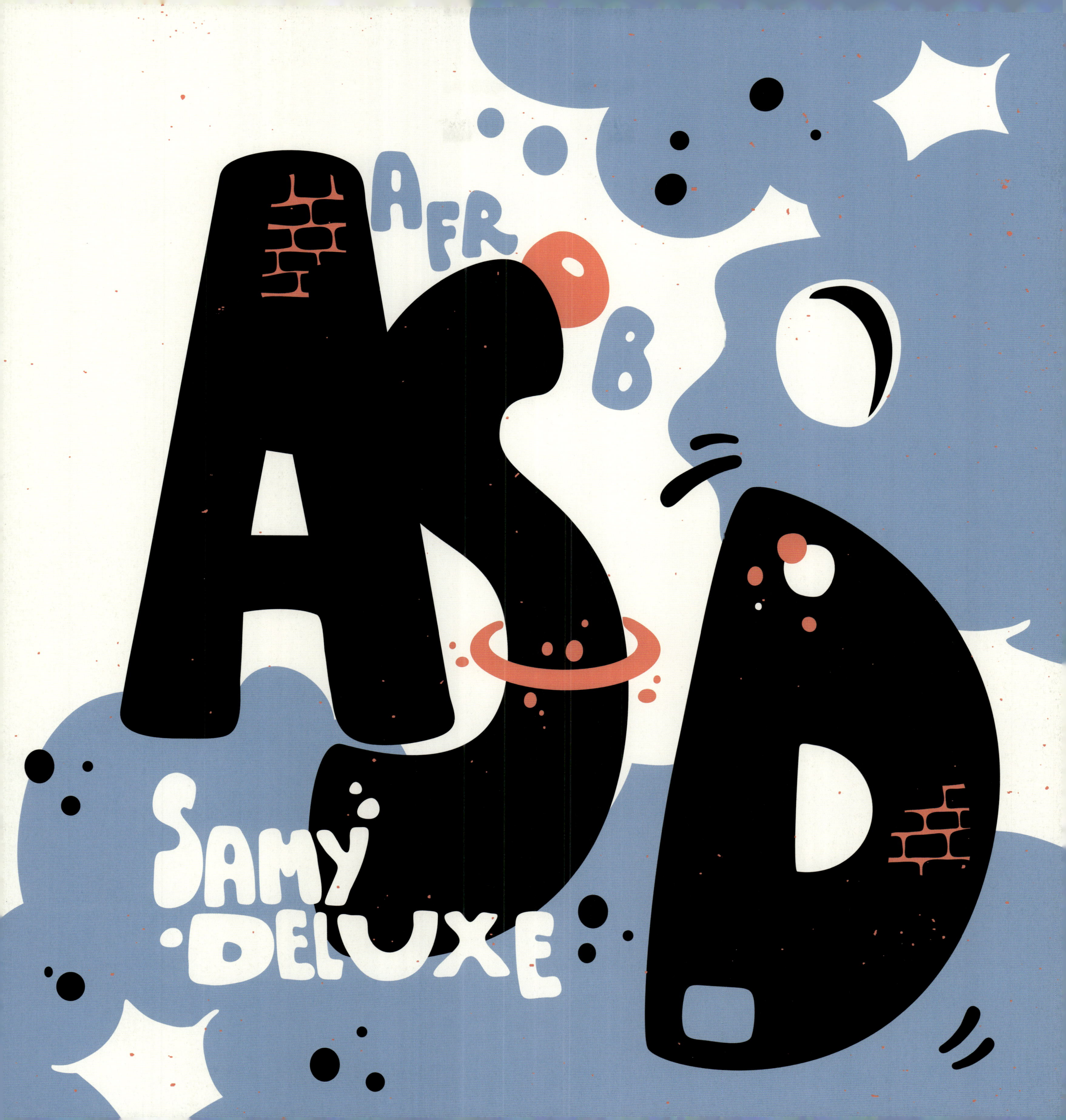
AFROB
ASD
SAMY DELUXE

OLIO
EXTRA
VERGINE
DI OLIVA

Eastbound & DOWN
THE COMPLETE FOURTH SEASON
SAMY DELUXE - GUTE ALTE ZEIT MIXTAPE
ALL TOMORROW IS ILLUSION
jamie cullum INTERLUDE
ELEMENT OF CRIME LIEBLINGSFARBEN UND TIERE
AHZUMJOT • NIX MEHR EGAL
TAYLOR SWIFT 1989
JAN DELAY
EMINEM
GUNTER GABRIEL
PARADISE VALLEY
NACHTSCHICHT VOL. 02
CHRISTOPH BRAND
Kochen
Unplugged
20% EXTRA
SEAN PRICE
iPhone 5S
Jägermeister
EIN GANZ
UNENTSPANNTES
DING
Mast-
JägermeisterSE

WEED

FISCHBRÖTCHEN UND MAULTASCHEN-BURGER

VON HAMBURG BIS 0711

Zutaten für 4 Personen

ZUTATEN

FÜR DAS FISCHBRÖTCHEN

300 G Seeteufelfilet
Salz und Pfeffer aus der Mühle
Panku oder Paniermehl, 1 Ei und etwas Mehl zum Panieren
Butterschmalz zum Goldbraunbacken

FÜR DIE SCHMANDGURKEN

¼ Salatgurke, geschält und ohne Kerne
100 G Schmand
½ TEELÖFFEL geröstete Senfsaat
Honig, Salz und Pfeffer aus der Mühle zum Abschmecken

AUSSERDEM

4 SCHEIBEN Frühstücksbacon knusprig gebraten
4 schöne kleine Brötchen, gerne frisch gebacken
4 Kopfsalatblätter, gewaschen

FÜR DEN BURGER

300 G Rinderhack
1 Ei
1 kleine Zwiebel, geschält und in sehr feine Würfel geschnitten
1 STANGE Lauchzwiebel, gewaschen und sehr fein geschnitten
1 STÄNGEL Blattpetersilie samt Stängel, sehr fein geschnitten
1 TEELÖFFEL Senf
1 TEELÖFFEL Ketchup
½ Knoblauchzehe, geschält und sehr fein geschnitten
Salz und Pfeffer zum Abschmecken
1 BLATT Maultaschenteig (kann man super fertig kaufen) und 1 Eigelb
1 Zwiebel, geschält und in Würfel geschnitten
Mehl und Öl zum Röstzwiebelnfrittieren
Butterschmalz zum Braten

AUSSERDEM

4 Kopfsalatblätter, gewaschen
4 schöne kleine Brötchen, gerne frisch gebacken
4 TEELÖFFEL Mayonnaise oder Sauerrahm

ZUBEREITUNG

FÜR DAS FISCHBRÖTCHEN

Den Seeteufel in 4 gleich große Stücke schneiden, vorsichtig etwas flach drücken, salzen und leicht pfeffern; dann zuerst leicht in Mehl drücken, anschließend durch das verquirlte Ei ziehen und zum Schluss in das Panku geben und damit panieren. In heißem Butterschmalz goldbraun backen, zum Abtropfen auf ein Küchenkrepp legen.

FÜR DIE SCHMANDGURKEN

Alle Zutaten gut miteinander verrühren und mit Honig, Salz und Pfeffer abschmecken.

Kurz vor dem Servieren im Stapelsystem zusammen mit dem Kopfsalat, dem Frühstücksbacon, den Schmandgurken und den Brötchen alles zusammen bauen.

FÜR DEN BURGER

Alle Zutaten gut miteinander verkneten und mit Salz und Pfeffer abschmecken. Den Maultaschenteig auslegen, die Füllung draufgeben, rundum mit Eigelb bestreichen. Maultaschen einschlagen und mithilfe eines Kochlöffels portionieren. In der heißen Pfanne die Maultaschen in etwas Butterschmalz kross braten und bei 160 Grad dann für 5-10 Minuten in den Ofen. Die Röstzwiebeln leicht salzen, kurz mehlieren und in heißem Öl kross backen, auf Küchenkrepp abtropfen lassen.

Kurz vor dem Servieren im Stapelsystem zusammen mit dem Kopfsalat, dem Sauerrahm, den Röstzwiebeln und den Brötchen die Burger bauen.

PULLED HÄHNCHEN
MIT TOMATEN-GRAFFITI UND SCHARFEM BARBECUE-LACK

Zutaten für 4 Personen

ZUTATEN

FÜR DAS HÄHNCHEN

1 großes Hähnchen (1200 G), gerne bio, gerne glücklich

1 ESSLÖFFEL geräuchertes Paprikapulver

1 ESSLÖFFEL grobes Curry

1 TEELÖFFEL Salz

3 ESSLÖFFEL Sweet Chilisauce

JEWEILS 2 ZWEIGE Thymian und Rosmarin, gezupft und sehr fein geschnitten

ABRIEB VON 1 Zitrone

6 ESSLÖFFEL gutes Pflanzenöl

schwarzer Pfeffer aus der Mühle

FÜR DAS TOMATEN-GRAFFITI

500 G verschiedene Tomaten, gewaschen, ohne Strunk und in Spalten geschnitten

1 rote Zwiebel, geschält und in feine Streifen geschnitten

1 weiße Zwiebel, geschält und in feine Streifen geschnitten

1 BUND Schnittlauch, in feine Ringe geschnitten

5 ESSLÖFFEL Tomatenessig oder anderer cooler Essig

10 ESSLÖFFEL gutes Olivenöl

1 TEELÖFFEL grober körniger Senf

1 TEELÖFFEL Zucker

Salz und Pfeffer aus der Mühle

FÜR DEN BARBECUE-LACK

200 ML Cola

100 ML Barbecuesauce

1 Chilischote, sehr fein geschnitten

ZUBEREITUNG

FÜR DAS HÄHNCHEN

Das Hähnchen am besten in sechs Teile zerlegen, Brüste, Keulen, Flügel. Alle Gewürze, die Sauce, das Öl und die Kräuter gut miteinander vermischen und die Hähnchenteile gut damit einmassieren. Die marinierten Hähnchenteile auf ein Blech packen und bei 160 Grad 40 Minuten im Ofen garen, danach noch mal 5 Minuten bei 220 Grad kross backen und aus dem Ofen nehmen, kurz stehen lassen und entweder mit schnellen Fingern oder mithilfe von 2 Gabeln Fleisch und Haut von den Knochen zupfen.

FÜR DAS TOMATEN-GRAFFITI

Den Essig mit dem Senf, dem Öl und dem Zucker glatt rühren, mit Salz und Pfeffer kräftig abschmecken und dann die Tomaten, die Zwiebeln und den Schnittlauch vorsichtig vermengen, eventuell noch mal mit Salz und Pfeffer nachschmecken.

FÜR DEN BARBECUE-LACK

Alle Zutaten gut miteinander verrühren, in einen Topf geben und bei kleiner Hitze um die Hälfte runterköcheln lassen.

Das gezupfte Hähnchen auf dem Tomaten-Graffiti anrichten und mit dem Lack beträufeln.

GEFUNDENES-FRESSEN-CHEESECAKE

MIT FLAMBIERTEN NEKTARINEN

Zutaten für 4 Personen

ZUTATEN

FÜR DEN CHEESECAKEBODEN

4 Esslöffel Cornflakes, fein gebröselt

4 Esslöffel Butterkekse, fein gebröselt

Abrieb von 1 Zitrone

50 g weiche Butter

FÜR DIE CHEESECAKEMASSE

300 g Schmand

100 g geschlagene Sahne

3 Blatt Gelatine, in kaltem Wasser eingeweicht

¼ Tonkabohne, fein gerieben

50 g Puderzucker

Saft von 1 Zitrone

FÜR DIE NEKTARINEN

2 Nektarinen ohne Stein, in Spalten geschnitten

2 Esslöffel brauner Zucker

ZUBEREITUNG

FÜR DEN CHEESECAKEBODEN

Alle Zutaten gut miteinander verkneten und in 4 Schälchen oder Dosen gleichmäßig auf den Boden drücken und für 30 Minuten kalt stellen.

FÜR DIE CHEESECAKEMASSE

Den Schmand mit dem Puderzucker, der Zitrone und der Tonkabohne glatt rühren. Die Gelatine ausdrücken und so lange erhitzen, bis sie flüssig ist; sie darf auf keinen Fall kochen. Dann per Wärmeaustausch in die Schmandmasse rühren; innerlich bis 10 zählen und dann vorsichtig die Sahne unterheben. Die fertige Schmandmasse zu gleichen Teilen in die Dosen / Schalen füllen und für mindestens 1 Stunde kalt stellen.

FÜR DIE NEKTARINEN

Die Nektarinen mit dem Zucker vermengen und entweder in der Pfanne oder bei 220 Grad im Ofen auf Backpapier karamellisieren lassen.

Beides zusammen anrichten und sofort essen.

CHIMA

KASSEL

Berlin, 5. September 2015, das „Lido“ in Kreuzberg. Lary tritt auf und ich bin mit Tua da. „Ich habe gedacht, du bist dünner!“, sagt Chima zu mir. Das war unsere erste Begegnung.

Im ehemaligen Supow-Studio von Curse und Patrice stand immer das „Freiheit“-Kochbuch in der Küche, das ich mit Curse gemacht hatte, und immer wenn Chima mit Curse etwas zu besprechen hatte, musste einer der beiden auf das Buch gucken; somit hatte er zumindest schon mal ein Gesicht – wenn auch ein schmaleres – vor Augen.

Spulen wir mal auf Anfang. Denn ich habe Chima schon viel früher gesehen und gehört.

MUSIKTHEATER KASSEL, „GLASHAUS 3“-TOUR, 30. OKTOBER 2005.

Eigentlich bin ich wegen Glashaus da und weiß gar nichts von der Vorband. Beide liefern live auch hundert Prozent ab, aber das Lied, das an dem Abend und auch die ganze Woche in meinem Ohr bleibt, ist nicht von Glashaus, sondern von Chima und heißt „Wundervoll“.

„ICH WILL OHNE DICH NICHT SEIN, FÜHL’ MICH OHNE DICH ALLEIN
ICH WILL MEIN LEBEN MIT DIR TEILEN, DU BIST WUNDERVOLL.“

SKIP: JULI 2012

Chimas Album „Stille“ erscheint. Genau wie bei dem Album davor habe ich sofort drei Favoriten. Für mich hat er ein unheimliches Talent, Melodien und Texte zu schreiben, die sich in meinem Kopf festsetzen und dann auch dort bleiben – bis die Stille kommt.

„ABER WENN DIE STILLE KOMMT
DANN BIN ICH HIER
DANN BIN ICH EINS“

Wir haben immer mal im Vorbeigehen kurz gesprochen oder aneinander vorbeigemailt, aber nicht so richtig einen Termin zum gemeinsamen Kochen gefunden, bis ich im August 2015 bei den Beatgees mit Curse die „10 Kochgesetze“ aufnehme und Chima parallel dazu auch im Studio ist.

Übrigens hat er dazwischen 2014 „Von Steinen und Elefanten“ veröffentlicht. Auch auf diesem Album hatte ich wieder drei absolute Favoriten. Außerdem gibt es darauf eine Songzeile, die genau die Zeitspanne benennt, in der dieses Buch entstanden ist:

„VON MAI BIS SEPTEMBER, TAG FÜR TAG FÜR TAG,
EINEN SOMMER LANG“

KASSEL, HEIMAT, 1. SEPTEMBER 2015: SHOOTING

Nachdem wir noch schnell ein Bügeleisen für Chimas Hemd besorgt haben, kochen wir in der Heimat in unserem kleinen, feinen Laden Kürbissuppe vom Hokkaido, eigentlich sehr klassisch mit ein bisschen Chili und Ingwer, einem guten Kürbiskernöl und Kernkaramell. Im Hauptgang Tagliata vom Rinderfilet, dieser italienische Klassiker, mit Herbsteinschlag mit Kräutersaitlingen, Topinambur, ordentlich Parmesan und Rucola. Den Nachtisch haben wir zwar schon ohne Chima gegessen, aber die gebackenen Feigen mit Ziegenkäse und Honig waren großartig.

CHIMA
INS BLAUE

PRESE

L'OLIO
DE CECCO

KÜRBISSUPPE
MIT KERNKROKANT UND ÖL

Zutaten für 4 Personen

ZUTATEN

FÜR DIE SUPPE

1 kleiner Hokkaidokürbis, gewaschen und ohne Kerne, in grobe Würfel geschnitten

1 Zwiebel, geschält und klein gewürfelt

1 walnussgrosses Stück Ingwer, geschält und fein geschnitten

1 Chilischote ohne Kerne, fein geschnitten

600 ml Gemüsebrühe

200 ml Sahne

Abrieb und Saft von 1 Orange

½ Esslöffel brauner Zucker

2-3 Esslöffel gutes Pflanzenöl

100 ml Weißwein

Salz und Pfeffer aus der Mühle zum Abschmecken

FÜR DEN KROKANT

100 g Kürbiskerne

2 Esslöffel brauner Zucker

Backpapier

AUSSERDEM

gutes Kürbiskernöl

ZUBEREITUNG

FÜR DIE SUPPE

Den Kürbis zusammen mit der Zwiebel, dem Ingwer, dem braunen Zucker und der Chilischote in einem Topf karamellisieren lassen, dann das Öl dazugeben und alles zusammen noch 2-3 Minuten anschwitzen, mit einem Schuss Weißwein ablöschen und mit der Brühe auffüllen. 30 Minuten köcheln lassen und die Suppe dann mithilfe eins Stabmixers pürieren, die Sahne dazugeben, genauso wie den Saft und den Abrieb von der Orange, und mit Salz und Pfeffer abschmecken.

FÜR DEN KROKANT

Kürbiskerne in einer beschichteten Pfanne kurz rösten, dann mit dem braunen Zucker in der Pfanne karamellisieren und zum Auskühlen auf Backpapier geben.

Die Suppe zusammen mit dem Kernkaramell bestreuen und ein paar Tropfen Kernöl beträufeln.

TAGLIATA IN DER HERBSTVERSION

MIT TOPINAMBUR UND KRÄUTERSAITLINGEN

Zutaten für 4 Personen

ZUTATEN

FÜR DIE TAGLIATA

600 G Rinderfilet oder Roastbeef

2 ZWEIGE Thymian, gezupft

2 ZWEIGE Rosmarin, gezupft

1 Knoblauchzehe, zerdrückt

4 ESSLÖFFEL Olivenöl

50 G Butter

Zucker und Salz zum Würzen

AUSSERDEM

100 G Topinambur, geschält und fein gewürfelt

4 große Kräuterseitlinge, geputzt und gewürfelt

2 ESSLÖFFEL Cranberrys,
mit 1 ESSLÖFFEL Whiskey eingelegt

gutes Pflanzenöl zum Braten

Salz und Pfeffer aus der Mühle

100 G Bergkäse, gerieben

Balsamessig

EIN PAAR BLÄTTER Rucola für die Optik

ZUBEREITUNG

FÜR DIE TAGLIATA

Das Rinderfilet salzen und ganz leicht zuckern, mit Olivenöl einreiben und bei 60 Grad für eine Stunde auf das Gitterblech im Backofen geben. Den Topinambur in etwas Pflanzenöl schön kross braten; kurz bevor er fertig ist, die Seitlinge dazugeben und für ca. 2 Minuten mit anbraten, mit Salz und Pfeffer würzen und zum Abtropfen auf Küchenkrepp geben. Das Rinderfilet nach der Stunde zusammen mit dem Thymian, dem Rosmarin und dem Knoblauch kräftig anbraten und kurz vor knapp die Butter dazugeben, kurz damit nappieren, pfeffern und eventuell noch mal salzen und für 10 Minuten ruhen lassen.

Das Fleisch dünn aufschneiden und auf 4 Teller verteilen, den Topinambur und die Seitlinge drübergeben, genauso wie Käse, Cranberrys und Rucola, vielleicht noch mit ein bisschen Olivenöl und Balsamessig beträufeln und sofort essen.

OFENFEIGEN
MIT ZIEGENKÄSE UND WALNUSS

Zutaten für 4 Personen

ZUTATEN

FÜR DIE OFENFEIGEN

4 reife Feigen, gewaschen

200 G Ziegenkäse (ich nehme am liebsten Frischkäse)

8 Walnüsse, geröstet

4 ESSLÖFFEL Ahornsirup

4 TEELÖFFEL Portwein

brauner Zucker

ZUBEREITUNG

FÜR DIE OFENFEIGEN

Die Feigen oben über Kreuz einschneiden, leicht aufdrücken, mit Portwein beträufeln und mit der Oberseite kurz in braunen Zucker drücken. Die Feigen mit der Zuckerseite nach oben auf ein Backblech geben und bei 200 Grad 6-7 Minuten in den Ofen schieben (am besten mit Oberhitze). Die Walnüsse mit dem Ahornsirup vermischen, den Ziegenkäse zerbröseln und alles zusammen anrichten. Am geilsten schmeckt es, wenn man es komplett auf eine Scheibe frisches Weißbrot drückt.

TIM BENDZKO

BERLIN

„MUSS NUR NOCH KURZ DIE WELT RETTEN"

Ist ja so ein Song, den man im Radio hört, er brennt sich ins Ohr, natürlich hast du den Refrain sofort drauf und natürlich gibst du es nicht zu. Ich hatte damals „Wenn Worte meine Sprache wären" tatsächlich immer mal wieder im Auto laufen und mich zwar nicht zwingend aufs Weltretten gestürzt, aber das Album fand ich cool. Bei seinem Gig in Kassel haben wir auch für Tim gekocht und durch F. R. unseren guten Bekannten Samir getroffen, der F.R. gesanglich unterstützte und zuvor auch in der Curse-Band gesungen hatte – noch so eine Geschichte davon, wie klein die Musikwelt ist.

Beim finalen Essen mit Fetsum haben Konrad und Laura die Idee auf den Tisch gebracht, dass Tim doch perfekt ins Buch passen könnte. Geile Idee, gesagt, getan und innerhalb von 48 Stunden waren wir verabredet zum Kochen und Shooten. Ein weiterer Gast, der so nicht geplant war, aber zu 100 Prozent passt, und nicht zuletzt der Abend, an dem wir stundenlang gelacht haben, das noch mal unterstrichen hat.

Für meine kleine Jule war es übrigens das zweite Mal in diesem Buch, dass ich ihr einen Wunsch erfüllt habe.

KURZ ZURÜCK: SOMMER 2013, „PROGRAMMIERT"

**„WER NICHTS TUT, DER DARF SICH NICHT ÄRGERN,
DASS SICH NICHTS TUT"**

Es war die Zeile von Kool Savas, die mich durch den Sommer gebracht hat, und zwar zusammen mit Xavier Naidoo, also als Xavas, auf einem Song von Tim Bendzko. Ich hatte vorher gar nicht so wahrgenommen, dass es ein neues Album gab, und erst durch die „Programmiert"-EP gemerkt: Da gab es ja schon ein Album. Das Album war ohne die musikalischen Gäste schon sehr cool, aber mit den Gästen hat Tim mich noch mal richtig gekriegt.

SKIP: 18. AUGUST 2015, BERLIN

Vegan und ohne Gluten. Im ersten Moment hatte ich schon eine leichte Skepsis im Gesicht, aber nach ein paar Minuten Nachdenken hatte ich richtig Bock. Das hat mich auch wieder ein bisschen mehr in diese Richtung gelenkt und gezeigt, dass es auch so geht.

Die gute Frau im veganen Supermarkt hat schon gemerkt, dass ich bei ein paar Produkten noch etwas unbeholfen war, doch sie hat das wirtschaftlich gesehen perfekt zu ihren Gunsten genutzt. Die Vorspeise haben wir relativ „nackt" gehalten: ganze Rote Bete und Karotten auf Salz im Ofen gebacken. Vor dem Servieren haben wir sie dünn aufgeschnitten und mit einem supergeilen Schwarzkirschbalsam von meinem Freund Pistole, Cashewkaramell, Kopfsalat und Olivenöl aufgemotzt. Die Rote Bete wäre alleine schon der Knaller gewesen, aber so hat es die Mischung gemacht. Im Hauptgang habe ich mich an glutenfreier Pizza versucht – einmal sehr gut und einmal am seidenen Faden, obwohl sich das kein Gast hat anmerken lassen. Der Nachtisch ist zu 100 Prozent Tim und dieses Rezept wird mich noch durch das ganze Jahr begleiten: mein Favorit-Nachtisch in diesem Buch. Avocado, Banane, Datteln: auf den ersten Blick vielleicht nicht die Bilderbuch-Kombi, aber einfach sehr, sehr gut.

... UND VIELLEICHT EIN SEHR GUTER BEITRAG ZUM WELTRETTEN!

T
M

REPRESENT
REPRESENT

ROTE BETE UND KAROTTEN NACKT
MIT CASHEWKARAMELL

Zutaten für 4 Personen

ZUTATEN

FÜR DIE BETE UND DIE MÖHREN

1 KG grobes Salz

4 STÜCK Rote Bete

8 STÜCK Karotten

FÜR DEN CASHEWKARAMELL

100 G Cashewkerne, gesalzen

50 G brauner Zucker

AUSSERDEM

gewaschene und gezupfte Kopfsalatherzen

120 ML Pistoles Schwarzkirschbalsam

Schnittlauch, fein geschnitten

ZUBEREITUNG

FÜR DIE BETE UND DIE MÖHREN

Rote Beete und Karotten zusammen mit dem groben Salz auf ein Blech packen und bei 200 Grad in den Ofen. Die Möhren nach ca. 40 Minuten rausnehmen, die Rote Bete 20 Minuten später. Beide Gemüse abkühlen lassen, vorsichtig schälen und in dünne Scheiben schneiden.

FÜR DEN CASHEWKARAMELL

Die Cashewkerne und den braunen Zucker in einer beschichteten Pfanne karamellisieren lassen, auf Backpapier auskühlen lassen und dann eventuell hacken.

Das Gemüse zusammen mit den Cashewkernen, dem Schnittlauch und dem Kopfsalat anrichten und mit etwas Olivenöl und dem Schwarzkirschbalsam großzügig beträufeln.

PIZZA „VEGAN“
MIT DREIERLEI TOMATE UND KÄSE

Zutaten für 4 Personen

ZUTATEN

FÜR DEN PIZZABODEN

500 G glutenfreies Mehl

1 PÄCKCHEN frische Hefe

300 ML lauwarmes Wasser

1 PRISE Zucker

1 ESSLÖFFEL Salz

2-3 ESSLÖFFEL Olivenöl

80 G glutenfreies Mehl zum Kneten

FÜR DIE TOMATEN

150 G Schältomaten gewürfelt aus der Dose

80 G getrocknete Tomaten

3 ZWEIGE Oregano, gezupft

½ Knoblauchzehe, geschält und zerdrückt

½ TEELÖFFEL Zucker

½ TEELÖFFEL Salz

FÜR DEN BELAG

1 Zucchini, in Scheiben geschnitten leicht gesalzen und kurz gegrillt

½ Aubergine, in Scheiben geschnitten leicht gesalzen und kurz gegrillt

1 rote Zwiebel, geschält und in Streifen geschnitten

20 STÜCK tolle Oliven ohne Stein

200 G veganer Pizzakäse

4 HANDVOLL junger Blattspinat, kurz in Olivenöl angeschwitzt

12 kleine Strauchtomaten, gewaschen und geviertelt

80 G getrocknete Tomaten, in Streifen geschnitten

Basilikumblätter für die Optik

ZUBEREITUNG

FÜR DEN PIZZABODEN

Alle Zutaten zu einem Teig verkneten, abdecken und für 30 Minuten an einen warmen Ort stellen, danach mit ein bisschen Mehl noch mal nachkneten und so ausrollen, dass der Teig auf ein leicht geöltes Backblech passt.

FÜR DIE TOMATEN

Alle Zutaten mithilfe eines Mixers gut durchmixen und dann gleichmäßig auf der Pizza verteilen.

FÜR DEN BELAG

Alle Zutaten mit ein bisschen Geschmack und Optik auf der Pizza anrichten und dann bei vorgeheizten 220 Grad im Backofen für ca. 10-15 Minuten kross backen.

AVOCADO-BANANEN-KUCHEN

MIT DATTEL UND NUSS

Zutaten für 4 Personen

ZUTATEN

FÜR DEN BODEN

250 g Datteln, getrocknet und ohne Stein

250 g Walnüsse, geröstet

2 Esslöffel Kakaopulver

FÜR DIE CREME

2 Avocados, geschält und ohne Kern

1 Banane, geschält

Saft und Abrieb von 1 Zitrone

100 g Kokosmus

AUSSERDEM

getrocknete Gojibeeren für die Optik

Agavendicksaft

Zitronenmelisse für die Optik

ZUBEREITUNG

FÜR DEN BODEN

Datteln, Walnüsse und Kakaopulver im Mixer zu einer kompakten Masse mixen. Eine Springform mit etwas Kokosfett einpinseln, den Teig gleichmäßig darauf verteilen und festdrücken.

FÜR DIE CREME

Alle Zutaten im Mixer zu einer cremigen Masse mixen. Die Masse auf dem Dattel-Walnuss-Boden gleichmäßig verstreichen und das Ganze für 2 Stunden kalt stellen.

Kurz vor dem Servieren mit dem Agavensirup beträufeln und mit den Gojibeeren und der Melisse dekorieren.

XAVIER NAIDOO UND MOSES PELHAM

HEIDELBERG

Kennst du das, wenn du einen Duft, einen Geschmack, ein Bild sofort mit einem Erlebnis in Verbindung bringst? Ich weiß noch genau, wie und warum ich das erste Mal im Kino war. Ich weiß noch ganz genau, wie es bei meiner Oma gerochen hat, wenn sie am Samstag den Kuchen für den Sonntag gebacken hat. Ich weiß auch noch ganz genau, wie die Rouladen meiner Mutter schmecken. Ich könnte sie aus Hunderten von Rouladen herausschmecken. Ganz genau so geht es mir mit den Liedern und Konzerten von Xavier Naidoo und Moses Pelham.

„ES GENÜGT EIN DUFT UND ICH BIN WIEDER DA,
ES GENÜGT EIN WORT UND ICH BIN WIEDER DORT,
ES GENÜGT EIN LIED AUS LÄNGST VERGANGENER ZEIT“

Ich weiß heute noch, als wäre es gestern gewesen, dass ich 1994 das erste Album vom Rödelheim Hartreim Projekt im WOM in Berlin gekauft habe, verpackt in so einen Pappkarton, wie ich ihn bis dato nur von US-Importen kannte. Die Texte waren direkt und auf die Fresse formuliert – „Direkt aus Rödelheim“ eben. Aber es war auch zum ersten Mal Rap mit sehr viel Gefühl, in jeder Hinsicht. Xavier hörte ich zum ersten Mal „aus der Sicht und mit den Worten von Sabrina Setlur“ zu. „Nicht von dieser Welt“ spielte mir eine zauberhafte Arbeitskollegin vor, die nicht deswegen, aber tatsächlich heute meine beste Frau der Welt ist. Zum ersten Mal gab es für mich jemanden neben deutschen Rappern, dem ich zuhören wollte.

SKIP: HALLE02 HEIDELBERG, 2. JUNI 2015

Irgendwann mitten in der Produktion von „Nicht von dieser Welt 2“ stehe ich mit beiden zusammen in der Halle02 und wir kochen für das erste Shooting von „Kochen Unplugged 2“.

EY, MOSES PELHAM UND XAVIER NAIDOO!

„MACHT ES ETWAS LAUTER, DAS HIER MUSS
DURCH DIE WÄNDE KLINGEN“

Da gab es für mich diese sehr persönliche Wunschliste zum ersten Buch, auf der so ungefähr 20 Künstler standen, ganz oben stand neben Samy, Curse und Moses seit Tag eins immer Xavier. Damals am weitesten entfernt, wurde er zusammen mit Moses für das zweite Buch das erste Shooting und gleichzeitig für mich selbst der Beweis, dass Glaube, Herzblut, Arbeit und vielleicht auch ein bisschen Glück zum Ziel führen können. Dass der Moses wieder dabei ist, und dann auch noch in der Kombination mit Xavier, wird diesen Tag für mich für immer zu etwas sehr, sehr Besonderem und wahrscheinlich zu meinem persönlichen Moment 2015 machen.

FÜR DIE EWIGKEIT

Teamwork. Von der ersten Sekunde an haben wir versucht, zwei Gerichte, die man normalerweise mit Fleisch zubereitet, ins Vegane zu übersetzen. Das Thema Carbonara „eigentlich klassisch mit Speck und Ei“ haben wir fabelhaft mit geräuchertem Tofu, Ackee und weißem Spargel in Spaghetti gewickelt – schmeckt besser als das Original. Das Curry „quer durch den Garten“ gab uns jede Steilvorlage der Welt, um es vegan zuzubereiten. Die Roti kamen direkt aus dem Gepäck von meinem London-Besuch und waren somit die einzige Zutat, die wir nicht selbst gekocht haben. Beim Nachtisch hatte ich erst noch ein bisschen Angst vor dem Butterersatz, aber selbst der hat mich nicht enttäuscht. Somit waren die gecrumbelten Erdbeeren mit Rhabarberkompott und Haferjoghurt das gebührende Finale. Apropos Finale!

ES GIBT NICHTS MEHR ZU TUN, AUSSER DANKE ZU SAGEN

XAViER

type 301

MANNHEIM

MANNHEIM

MANNHEIM

CARBONARA VEGAN
MIT GEWICKELTEM SPARGEL

Zutaten für 4 Personen

ZUTATEN

FÜR DEN SPARGEL

600 G weißer Spargel, geschält

250 G Spaghetti, bissfest gekocht

4 Esslöffel gutes Pflanzenöl

brauner Zucker und gutes Salz zum Abschmecken

FÜR DIE CARBONARA

300 G Ackee, abgetropft

5 Stück Lauchzwiebeln

Saft und Abrieb von 1 Zitrone

1 Knoblauchzehe, geschält und sehr fein geschnitten

100 ML Gemüsebrühe

200 ML Sojasahne

½ Teelöffel brauner Zucker

Olivenöl

gutes Salz und schwarzer Pfeffer aus der Mühle

AUSSERDEM

150 G geräucherter Tofu, fein gewürfelt

etwas Olivenöl

Schnittlauch, fein geschnitten

jeweils 1 Zweig Rosmarin und Thymian

1 zerdrückte Knoblauchzehe

Abrieb von 1 Zitrone

ZUBEREITUNG

FÜR DEN SPARGEL

Den Spargel ganz leicht salzen und zuckern. Für 10 Minuten beiseitestellen, bis Saft austritt. Den Spargel in der heißen Pfanne in Pflanzenöl leicht bräunen und mit dem Spargelsaft ablöschen. Eine Minute weiterköcheln, vom Herd nehmen und leicht abkühlen lassen. Den Spargel jetzt in die Spaghetti einwickeln und auf ein mit Olivenöl eingeriebenes Blech geben. Bei 80 Grad im Ofen 10-15 Minuten erhitzen.

FÜR DIE CARBONARA

Die Lauchzwiebeln mit dem Knoblauch im heißen Olivenöl kurz anschwitzen, die Ackee dazugeben, mit der Gemüsebrühe ablöschen und mit der Sojasahne auffüllen. Kurz aufkochen lassen, mit Salz, Pfeffer, Zucker sowie Abrieb und Saft von der Zitrone abschmecken.

Den Tofu zusammen mit dem Knoblauch und dem Rosmarin und Thymian in etwas heißem Olivenöl knusprig braten. Die Sauce über den gewickelten Spargel geben und mit Schnittlauch, dem knusprigen Tofu und Zitronenabrieb anrichten.

KOKOSCURRY
„QUER DURCH DEN GARTEN“

Zutaten für 4 Personen

ZUTATEN

FÜR DAS CURRY

½ Blumenkohl, in Röschen gezupft

½ Brokkoli, in Röschen gezupft

10 Kirschtomaten

1 Süßkartoffel, gewürfelt und bissfest gekocht

1 rote Zwiebel, geschält und in Spalten geschnitten

JEWEILS 1 rote, grüne, gelbe Paprika, geputzt und in grobe Würfel geschnitten

4 HANDVOLL Mungobohnensprossen

1 WALNUSSGROSSES STÜCK Ingwer, geschält und fein gewürfelt

1–2 Chilischoten, sehr fein geschnitten

1 HALM Zitronengras, angeschlagen

3 Kefirblätter

200 ML Kokosmilch

200 ML Gemüsebrühe

1 GUTER TEELÖFFEL rote Currypaste

1 GUTER TEELÖFFEL Currypulver

1 TEELÖFFEL brauner Zucker

1 ESSLÖFFEL Koriandergrün, sehr fein geschnitten

4 ESSLÖFFEL Erdnussöl

Sojasauce hell, evtl. etwas Sweet-Chili-Sauce zum Abschmecken

AUSSERDEM

Roti zum Fertigbacken

Koriandergrün für die Optik

ZUBEREITUNG

FÜR DAS CURRY

Die Currypaste in einer großen Pfanne oder einem Wok anrösten. Dann gleich das Erdnussöl, den Ingwer, den Chili und das Zitronengras dazugeben, kurz mitrösten und das Currypulver unterrühren. Den Honig dazugeben, bevor nach und nach die Gemüse dazukommen: zuerst die Süßkartoffeln und die Kefirblätter, kurz danach die Zwiebel, der Blumenkohl, der Brokkoli und die Paprika. Alles einmal durchrühren, mit der Gemüsebrühe und der Kokosmilch auffüllen, die Tomaten dazugeben, einmal aufkochen lassen und mit Koriandergrün, Sojasauce und Sweet-Chili-Sauce abschmecken. Die Mungobohnensprossen in das Curry rühren und sofort servieren.

Parallel das Roti in der heißen Pfanne kross backen und zusammen mit dem Curry servieren. Das Curry mit dem Koriandergrün dekorieren.

RHABARBER-ERDBEER CRUMBLE

MIT JOGHURT

Zutaten für 4 Personen

ZUTATEN

FÜR DEN RHABARBER

4 Stangen Rhabarber, geputzt und in 2 cm große Stücke geschnitten

1 Esslöffel brauner Zucker

250 ml Rhabarbersaft oder O-Saft

1 Päckchen Vanille Puddingpulver zum Kochen

FÜR DEN JOGHURT

200 g Hafer- oder Sojajoghurt

20 g Vanillezucker oder Mark von ¼ Vanilleschote

Saft und Abrieb von ½ Zitrone

evtl. Zucker (muss aber nicht)

FÜR DEN CRUMBLE

30 g Vegane-Butter

30 g gehobelte Mandeln

60 g Zucker

120-150 g Mehl

AUSSERDEM

300 g Erdbeeren, geputzt und geviertelt

frische Minze für die Optik

ZUBEREITUNG

FÜR DEN RHABARBER

Den braunen Zucker karamellisieren, den Rhabarber dazugeben und mit der Hälfte des Rhabarbersaftes ablöschen. Aufkochen lassen. In der anderen Hälfte des Safts das Puddingpulver anrühren. Das Ragout damit andicken.

FÜR DEN JOGHURT

Alle Zutaten gut miteinander verrühren und eventuell mit etwas Zucker süßen.

FÜR DEN CRUMBLE

Aus den Zutaten einen sehr krümeligen Teig herstellen und auf Backpapier bei 180 Grad ca. 15-20 Minuten knusprig backen.

Den Joghurt zusammen mit dem Crumble, dem Rhabarberkompott und den Erdbeeren anrichten. Mit Minze dekorieren.

CHEFKET

BERLIN

GRÄFENHAINICHEN, SPLASH 2013

Wer ist eigentlich dieser Chefket? In Ferropolis sehe ich ihn zum ersten Mal live, samt beeindruckender Show und einer Band aus lauter Mädels. Gehört hatte ich von ihm schon lange vorher, aber richtig auf den Schirm spielt er sich erst mit dieser Live-Show und der „Identitaeter"-EP, die ich heute immer noch sehr gerne höre, sowie dem unfassbaren „Live MCs"-Track mit Megaloh und Amewu, der es wunderbar auf den Punkt bringt:

„KEINE SPECIAL EFFECTS NÖTIG, NUR MICS UND BEATS
LIVE-MCS, LIVE-MCS, WIR SIND LIVE-MCS"

SKIP: 2014, MUSIKSCHUTZGEBIET HOMBERGSHAUSEN

Auf unserem Lieblingsfestival, das wir auch seit Tag 1 bekochen, tritt Chefket ein Jahr später auf. Wir sprechen zum ersten Mal direkt miteinander. Dank dem einen oder anderen gemeinsamen Freund sind wir auch ratzfatz im Thema, wobei bis zum tatsächlichen Kochen dann doch noch ein gutes Jahr vergeht, in dem wir uns aber viel öfter sehen und sprechen, als an diesem Tag zu erwarten war.

SKIP: ANFANG 2015, MARTERIAS „ZGIDZ2"-TOUR

Wir gehen wieder mit Marteria auf „Zum Glück in die Zukunft 2"-Tour und Chefket ist als Support-Act mit dabei. Auf Tour gibt es ja gerade in der Mittagszeit immer Leerlauf und wenn Chefi gefühlt komplett frei von Stress durch den Backstage glitt, hatten wir eigentlich fast täglich Zeit, über Gott, Rap, die Welt und vor allem über Kochen und Essen für die Seele zu sprechen.

„ICH BIN RAP, ICH BIN SOUL, ICH BIN JAZZ, ROCK 'N' ROLL"

SKIP: 13. AUGUST 2015, BERLIN, SHOOTING UND
ALBUM-RELEASE-DINNER

Zehn Stunden bevor Chefkets zweites Album „Nachtmensch" offiziell erscheint. Er hat viele Beteiligte, Buddies und Freunde zum Essen eingeladen. Bevor die Kollegen kommen, müssen wir aber noch ein bisschen kochen: Zur Vorspeise gibt es Lachs „roh" mit Hummus und schnellem Salat. Zum Hauptgang wollte ich eigentlich Rinderfilet machen, doch Chefket wollte unbedingt Hühnchen. Das haben wir dann unter der Haut mit Aprikosen und Honig gefüllt und mit Drillingen und Gemüsen in den Ofen geschoben. Beim Nachtisch hätte es zum dritten Mal Tiramisu gegeben, das wir ja schon ein- bis zweimal im Buch hatten – somit haben wir das in eine Melonenversion umgebaut, was bei 30 Grad Tagestemperatur auch genau der richtige Abschluss war. Richtig guter Abend, richtig gute Runde, richtig rundes Album.

RICHTIG GUTER MANN, DIESER CHEFKET.

Chef
Kef

ASTRA

I DON'T KNOW

LACHS ROH
MIT SCHARFER GURKE UND HUMMUS

Zutaten für 4 Personen

ZUTATEN

FÜR DEN HUMMUS

400 G Kichererbsen

1 WALNUSSGROSSES STÜCK Ingwer, geschält und gewürfelt

2 Knoblauchzehen, geschält und gewürfelt

1 Zwiebel, geschält und gewürfelt

½ ESSLÖFFEL Sesampaste

1 ESSLÖFFEL schwarzer und weißer Sesam, geröstet

4 ESSLÖFFEL Sesam- oder Olivenöl

4 STÄNGEL Blattpetersilie, samt Stängel geschnitten

ABRIEB UND SAFT VON 1 Zitrone

2 TEELÖFFEL Honig

Salz und schwarzer Pfeffer aus der Mühle zum Abschmecken

FÜR DIE SCHARFE GURKE

1 Salatgurke, geschält und ohne Kerne

10 kleine Rispentomaten, geachtelt

1 rote Zwiebel, geschält und in feine Würfel geschnitten

50 G Fetakäse, ganz fein geschnitten oder gebröselt

3 STÄNGEL Blattpetersilie, samt Stängel sehr fein geschnitten

3 STÄNGEL Koriander, samt Stängel sehr fein geschnitten

1 Chilischote mit Kernen

SAFT VON 1 Zitrone

1 TEELÖFFEL Senfsaat, gekocht

1 TEELÖFFEL Honig

6 ESSLÖFFEL Olivenöl

Salz und schwarzer Pfeffer aus der Mühle zum Abschmecken

AUSSERDEM

400 G Lachsfilet in Sashimi-Qualität

gezupfte Blattpetersilie für die Optik

ZUBEREITUNG

FÜR DEN HUMMUS

Alles im besten Fall in einen Mixer geben, zu einer cremigen Masse mixen und mit Pfeffer und Salz abschmecken.

FÜR DIE SCHARFE GURKE

Alle Zutaten miteinander vermengen und mit Salz und Pfeffer abschmecken.

Den Lachs dünn geschnitten auf dem Hummus anrichten, die scharfe Gurke darübergeben, gerne mit viel Dressing und mit Blattpetersilie dekorieren. Wir haben es an dem Tag mit viel Fladenbrot gegessen, das perfekt zum Sauce tunken ist.

APRIKOSENHÜHNCHEN
JM 180 GRAD

Zutaten für 4 Personen

ZUTATEN

FÜR DAS HÜHNCHEN

4 Maishähnchenbrüste supreme
8 getrocknete Aprikosen, in kleine Würfel geschnitten
8 Mandeln, grob gehackt
60 G Butter
Salz und Pfeffer aus der Mühle

FÜR DIE MARINADE

2 ESSLÖFFEL Jägermeister
5 ESSLÖFFEL gutes Pflanzenöl
1 TEELÖFFEL Ras el-Hanout
1 TEELÖFFEL brauner Zucker
1 STÄNGEL Rosmarin, gezupft und fein geschnitten
1 MESSERSPITZE Cayennepfeffer

AUSSERDEM

400 G Drillinge mit Schale, bissfest gekocht und halbiert
JEWEILS 1 rote, gelbe und grüne Paprika, gewaschen, entkernt und drillinggroß geschnitten
JEWEILS 1 gelbe und grüne Zucchini, gewaschen und drillinggroß geschnitten
8 ESSLÖFFEL Olivenöl
2 ZWEIGE Rosmarin, gezupft und sehr fein geschnitten
Zucker, Salz und schwarzer Pfeffer aus der Mühle

ZUBEREITUNG

FÜR DAS HÜHNCHEN

Aprikosen, Mandeln und Butter miteinander vermischen und vorsichtig unter die Haut der Maishühnchenbrüste drücken. Die Maishühnchenbrüste salzen und 5 Minuten später gut mit der Marinade einreiben und dann pfeffern. Bei 180 Grad für ca. 30 Minuten auf einem Blech im Ofen backen.

FÜR DIE MARINADE

Alle Zutaten gut miteinander vermischen.

AUSSERDEM

Die Drillinge salzen, mit dem Rosmarin und 4 Esslöffeln Olivenöl mischen, auf ein Blech geben und ebenfalls bei 180 Grad 30 Minuten in den Ofen schieben.

Die Paprika und die Zucchini zuckern, salzen und 5 Minuten später mit 4 Esslöffeln Olivenöl vermengen, auf ein Blech packen und bei 180 Grad für 15 Minuten in den Ofen schieben.

Im besten Fall kann dieses Gericht super vorbereitet werden und man muss es nur noch in den Ofen schieben, wenn man es braucht.

MELONENMASCARPONE

Zutaten für 4 Personen

ZUTATEN

FÜR DIE MASCARPONEMOUSSE

200 ML Mascarpone

200 ML Naturjoghurt

ABRIEB VON 1 Limette

50 ML Limejuice oder Melonenlimo

brauner Zucker nach Geschmack

4 BLATT Gelatine

250 G geschlagene Sahne

AUSSERDEM

½ Wassermelone, geschält, in Scheiben geschnitten und rund ausgestochen

Honigmelone, geschält, ohne Kerne, in kleine Würfel geschnitten

4 STÜCK Löffelbiskuit

100 ML Melonenlimo

ZUBEREITUNG

FÜR DIE MASCARPONEMOUSSE

Mascarpone und Joghurt zusammen mit dem Limejuice, dem Zucker und dem Limettenabrieb glatt rühren. Die Gelatine in kaltem Wasser einweichen, dann gut ausdrücken und in einem Topf bei schwacher Hitze auflösen (darf auf keinen Fall kochen). Per Wärmeaustausch die Gelatine zusammen mit der Mascarponecreme verrühren, innerlich bis 20 zählen und dann langsam und mit Fingerspitzengefühl die Sahne darunterheben.

Die Löffelbiskuits auf vier Gläser verteilen und mit der Melonenlimo beträufeln, darauf 1 Wassermelonenscheibe legen, dann etwas von der Mascarponemousse, wieder Wassermelone und zum Schluss wieder Mousse. Das Ganze für mindestens 1 Stunde in den Kühlschrank. Kurz vor dem Servieren haben wir noch Honigmelone und Knallbrause draufgegeben.

ELIF

BERLIN

Curse hatte Elif beim Shooting für den ersten Teil dieses Buches auf meinen Schirm gebracht. Allerdings verging dann seit seinen Erzählungen doch mehr als ein Jahr, bis ich mir ihre Musik zum ersten Mal wirklich intensiv angehört habe. 2013 kam ihr Song „200 Tage Sommer“ heraus und schaffte es direkt in meine Auto-Playlist, genau wie kurz darauf das Album. Vielleicht nicht gerade der perfekte Soundtrack, wenn dich deine Frau verlassen hat, aber diese unfassbar gefühlvolle Stimme hat mich einfach gepackt. Ich bin ohnehin der typische Automusikhörer, gerne laut, gerne unbeobachtet – dann kann ich mitsingen (zumindest solange ich allein fahre) und finde auch, dass ich mich im Auto immer super anhöre. Sollte Elif mal einen Back-up benötigen, bin ich auf jeden Fall textsicher.

**„UND EGAL, FÜR WAS DU DICH ENTSCHEIDEN WIRST
ICH GEB' DIR FEUER, ICH WÜNSCH' DIR FEUER“**

SKIP: IRGENDWO, JANUAR 2014

Elif singt „Rosarot“ von Fayzen und macht das ganz einfach großartig. Ohne es zu wissen, hat sie mir somit Fayzen in meinen Player gebracht, der auch ein fabelhafter Künstler ist und in noch viel mehr Playern laufen müsste. Das ist auch so eine kleine Geschichte, die dieses Buch und auch schon das erste Buch mit sich gebracht hat. Ich höre viel mehr Musik und ganz oft werde ich von einem Künstler zum nächsten geschubst, manchmal ganz direkt und manchmal eher indirekt, zum Beispiel durch ein gemeinsames Feature.

SKIP: BERLIN, 3. AUGUST 2015, SHOOTING

Elif kommt auf die Sekunde pünktlich und sofort geht die Sonne auf. Ich kann es nicht genau beschreiben, aber sie war einfach da, und auf Anhieb war eine sensationell gute Stimmung in der Küche.

Es herrschten über 30 Grad vor der Tür, mitten in Mitte. Wegen der Temperaturen und der gefühlten 200 Tagen Sommer haben wir das Menü etwas erleichtert. Zur Vorspeise Ziegenkäse mit knusprigen Kartoffeln, Blüten, Kräutern und Himbeervinaigrette – praktisch die knusprige Version eines Kartoffelsalates, zum Hauptgang haben wir Lachs gezupft und mit gestampften Süßkartoffeln, Korianderpesto und Knoblauchjoghurt orientalisch verpackt. Zum Nachtisch haben wir einen Klassiker mit viel Zitrone sommerlich verändert und mit süßen Aprikosen serviert.

Eine kleine Randgeschichte, die aber fabelhaft passt: An dem Abend habe ich Elif einen Song von Nisse vorgespielt, zwei Stunden später kam er zum Essen – nicht abgesprochen, nicht geplant. Das hat mal wieder gezeigt, wie eins zum anderen kommt und wie klein die Welt in diesem Musikgeschäft manchmal ist.

ELIF

NATIVE
OLIVE

CRUNCHY KARTOFFELSALAT
MIT ZIEGENKÄSE, BLÜTEN UND HIMBEERVINAIGRETTE

Zutaten für 4 Personen

ZUTATEN

FÜR DEN KARTOFFELSALAT

200 G Kartoffeln, geschält und in dünne Scheiben geschnitten
1 KOPF Romanasalat, gewaschen und in Stücke gerissen
4 HANDVOLL wilde Wiesenkräuter
2 HANDVOLL essbare Blüten

FÜR DIE HIMBEERVINAIGRETTE

6-8 ESSLÖFFEL Himbeeressig
6 ESSLÖFFEL Himbeerpüree oder zerdrückte frische Himbeeren
12 ESSLÖFFEL Walnussöl
1 TEELÖFFEL grobkörniger Senf
1 TEELÖFFEL Honig
Salz und Pfeffer zum Abschmecken

AUSSERDEM

8 kleine Ziegenfrischkäsetaler
brauner Zucker
16 STÜCK Himbeeren für die Optik
Öl zum Kartoffeln-knusprig-Backen
8 Walnusskerne, geröstet

ZUBEREITUNG

FÜR DEN KARTOFFELSALAT

Die Kartoffelscheiben am besten 2 Stunden wässern; danach richtig gut trocken tupfen und in heißem Öl knusprig ausbacken, dann auf Küchenkrepp abtropfen lassen, salzen und warm stellen.

FÜR DIE HIMBEERVINAIGRETTE

Himbeeressig, Himbeerpüree, Senf und Honig glatt rühren und mit Fingerspitzengefühl das Öl unterrühren, sodass es sich leicht verbindet; mit Salz und Pfeffer abschmecken.

Den Ziegenkäse früh genug aus dem Kühlschrank nehmen, damit er nicht zu kalt ist. In jeden Frischkäsetaler ein Stück Walnuss reindrücken, mit dem braunen Zucker bestreuen und kurz vor dem Servieren mit dem Bunsenbrenner abflämmen, bis der Zucker goldbraun ist.

Die Wiesenkräuter und den Salat mit dem Dressing vorsichtig vermischen und dann alles zusammen mit Kartoffelchips, den Blüten, Himbeeren und dem Ziegenkäse anrichten.

LACHS GEZUPFT
MIT SÜSSKARTOFFEL, KORIANDERPESTO UND KNOBLAUCHJOGHURT

Zutaten für 4 Personen

ZUTATEN

FÜR DEN LACHS

500 g Lachsfilet ohne Haut
10 Korianderstiele, fein geschnitten
1 Chilischote ohne Kerne, fein geschnitten
1 Teelöffel Koriandersaat, geröstet und gemörsert
3 Esslöffel süße Chilisauce
Abrieb von 1 Limette
Abrieb von 1 Zitrone
1 Teelöffel brauner Zucker
1 Teelöffel Senfsaat, geröstet

FÜR DIE SÜSSKARTOFFELN

400 g Süßkartoffeln, geschält und in grobe Würfel geschnitten
100-200 ml Gemüsebrühe
200 ml Sahne
1 walnussgrosses Stück Ingwer, geschält und sehr fein gewürfelt
50 g Butter

FÜR DAS KORIANDERPESTO

8 Esslöffel Distelöl
1 Esslöffel Cashewkerne, geröstet und fein gehackt
2 Esslöffel Parmesan, fein gerieben
½ Teelöffel Honig
Abrieb von ½ Zitrone
Blätter von 10 Stängeln Koriander, fein geschnitten
5 Stängel Blattpetersilie samt Stiel, fein geschnitten
Chili, wer Bock hat

FÜR DEN KNOBLAUCHJOGHURT

100 ml griechischer Joghurt
¼ Salatgurke, geschält, entkernt und fein gerieben
100 ml Schmand
1-2 Knoblauchzehe(n)
½ Teelöffel Honig
Abrieb und Saft von ½ Zitrone

AUSSERDEM

1 große Chilischote, in feine Streifen geschnitten
ein paar Gurkenstreifen für die Deko
Pfeffer und Salz aus der Mühle zum Abschmecken

ZUBEREITUNG

FÜR DEN LACHS

Koriandersaat, braunen Zucker und Salz in einen Mörser geben und fein mörsern. Den Abrieb von der Limette und der Zitrone dazugeben, genauso wie die Korianderstiele, die Senfsaat, die Chili und die süße Chilisauce. Alles gut verrühren, den Lachs dann mit der Masse gut einreiben und auf ein Blech packen. Den Lachs für ca. 15 Minuten bei 200 Grad in den Ofen schieben und kurz vor dem Servieren auseinanderzupfen. Der Lachs darf durchaus noch glasig sein und muss nicht komplett trocken aus dem Ofen kommen.

FÜR DIE SÜSSKARTOFFELN

Süßkartoffeln zusammen mit der Brühe, der Sahne und dem Ingwer bei niedriger Hitze weich kochen lassen, die Butter dazugeben, stampfen und mit Salz abschmecken.

FÜR DAS KORIANDERPESTO

Alle Zutaten gut miteinander verrühren und mit Salz abschmecken, eventuell noch etwas Öl dazugeben, wenn es euch zu kompakt ist.

FÜR DEN KNOBLAUCHJOGHURT

Alle Zutaten gut miteinander verrühren und mit Pfeffer und Salz abschmecken.

Den Lachs auf dem Süßkartoffelstampf anrichten, mit Chili und Gurkenstreifen dekorieren und zusammen mit dem Pesto und dem Joghurt servieren.

SAURE CRÈME BRULÉE
MIT SÜSSEN APRIKOSEN

Zutaten für 4 Personen

ZUTATEN

FÜR DIE CRÈME BRULÉE

400 ML Sahne
2 ESSLÖFFEL Limejuice
4 Eigelb
MARK VON ¼ Vanilleschote
ABRIEB VON 1 Zitrone
ABRIEB VON 1 Limette
40 G Zucker

FÜR DIE APRIKOSEN

12 Aprikosen ohne Stein, geviertelt
150 ML Orangensaft
SAFT VON 1 Limette
40 G weißer Zucker
¼ Zimtstange
¼ Sternanis

AUSSERDEM

brauner Zucker zum Abflämmen
Johannisbeeren für Optik
eventuell etwas Speisestärke

ZUBEREITUNG

FÜR DIE CRÈME BRULÉE

Alle Zutaten gut miteinander verrühren, ohne zu schäumen. In vier feuerfeste Förmchen füllen und bei 100 Grad für ca. 70 Minuten in den Ofen stellen.

Kurz vor dem Servieren mit dem braunen Zucker bestreuen und mithilfe eines Bunsenbrenners goldbraun abflämmen.

FÜR DIE APRIKOSEN

Zucker karamellisieren, mit dem Orangesaft ablöschen und alle weiteren Zutaten dazugeben. Köcheln lassen, bis der Zucker sich komplett gelöst hat, eventuell mit etwas Speisestärke andicken, Sternanis und Zimtstange rausnehmen und über die geviertelten Aprikosen geben. Im Anschluss mit Johannisbeeren dekorieren.

FETSUM

BERLIN

Ein geplatztes Shooting hat uns spontan zusammengebracht – und dann war es doch so, als wäre es wochenlang geplant gewesen. In der Kurzfristigkeit haben wir uns schnell auf mediterrane, italienische Küche geeinigt und die Dircksenstraße hinterm Alexa direkt ans Meer verlegt. Dass Fetsum in Ägypten geboren wurde und als Sohn eritreischer Eltern nach drei Jahren Italien schließlich in Stuttgart gelandet ist, war schon allein durch die verschiedenen Einflüsse eine Bilderbuch-Steilvorlage, um mehrere Bücher vollzukochen.

SKIP: ERFURT, SÖHNE MANNHEIMS CASINO-TOUR

Gehört habe ich Fetsum das erste Mal in dem Song „Stress“ von den Massiven Tönen. Da hätte ich ihn auch schon treffen können, weil ich in dem Hotel, wo das Video gedreht wurde, gerade Urlaub gemacht habe. Dann habe ich eine ganze Weile nichts mehr gehört, bis ich am 23. März 2011 bei den Söhnen in Mannheim war. Mit totaler Verspätung bin ich damals dort angekommen, als auf der Bühne jemand unfassbar gut gesungen hat und mir niemand sagen konnte, wer das ist. Gerafft habe ich es dann im Rausgehen und fast genau ein Jahr später Fetsums Album „Colours of Hope“ gekauft.

SKIP: MAX HERRE, MTV UNPLUGGED

Immer wieder hatten und haben wir mit dem Label von Max, Joy und Götz, sprich Nesola, zu tun. Zum einen sind wir befreundet und zum anderen habe ich immer wieder, aber besonders gerne natürlich für die „MTV Unplugged“-Aufzeichnung gekocht. In dem Umfeld bin ich auch immer wieder auf Fetsum gestoßen und dachte mir da auch jedes Mal: Was für eine Stimme! Aber im Gegensatz zu den meisten anderen aus dem Ensemble habe ich nie länger mit ihm gesprochen – bis zum Tag X.

BERLIN, 5. AUGUST 2015, SHOOTING

Zum Shooting haben wir uns das erste Mal also wirklich getroffen. Ein Riese und ein Riesentyp mit extrem viel Humor und Liebe. Die ganze Liebe haben wir dann auch gleich in den Burrata mit Honigtomaten, viel Basilikum und Oliven investiert. Im Hauptgang haben wir das klassische Vitello tonnato kurzerhand zu Tonnato Vitello umgedreht, den Thunfisch sehr rosa gebraten und mit einem feinen Kalbsragout serviert. Fetsum hat den Risotto weltmeisterlich gerührt und zum guten Schluss haben wir noch Amarettini getränkt und mit Blaubeeren und Ricotta geschichtet.

Mit Fetsums Family haben wir den Abend in einer kleinen Runde wunderbar ausklingen lassen. Fabelhafte Menschen, gutes Essen, toller Wein, und wenn man genau hingehört hat, dann hat man sogar ein bisschen Meeresrauschen gehört ... oder war das doch nur der Verkehr rund um den Alex?

HU

BURRATA
MIT TOMATENHONIG, OLIVE UND BASILIKUM

Zutaten für 4 Personen

ZUTATEN

FÜR DEN TOMATENHONIG

4 **Esslöffel** halb getrocknete Tomaten

8 **Stück** kleine Strauchtomaten (einmal mit dem Finger aufgedrückt)

½ **Teelöffel** Fenchelsamen

2 **Teelöffel** Pinienkerne

½ Knoblauchzehe, zerdrückt

4 **Stängel** Basilikum, fein schneiden für den Honig und die Blätter dann für die Optik

schwarzer Pfeffer aus der Mühle

4 **Esslöffel** Olivenöl

3 **Esslöffel** Honig

AUSSERDEM

4 **Stück** Burrata

1 **Handvoll** gute Oliven

gutes Olivenöl

Basilikumblätter

8 dünne Scheiben Weißbrot oder Ciabatta

1 Knoblauchzehe, zerdrückt

Salz und Pfeffer zum Abschmecken

Rucola für die Optik

ZUBEREITUNG

FÜR DEN TOMATENHONIG

Den Fenchelsamen und die Pinienkerne in der heißen Pfanne kurz anrösten und alle Zutaten außer dem Basilikum dazugeben; das Ganze einmal in der Pfanne richtig zischen lassen, vom Herd nehmen und leicht abkühlen lassen. Kurz vor dem Servieren die Basilikumstängel dazugeben, den Knoblauch rausnehmen und mit Pfeffer nachschmecken.

AUSSERDEM

Die Brotscheiben mit dem Knoblauch und dem Olivenöl in der heißen Pfanne kross backen, pro Teller 2 Scheiben auf den Teller geben, den Burrata daraufsetzen, mit dem lauwarmen Tomatenhonig beträufeln und mit den Oliven, den Basilikumblättern und dem Rucola dekorieren.

TONNATO VITELLO
IN HEISS

Zutaten für 4 Personen

ZUTATEN

FÜR DEN TONNATO

400 G Thunfischfilet in Sushi-Qualität
Rosmarinzweig und angedrückter Knoblauch zum Braten
Salz und gutes Olivenöl

FÜR DAS VITELLO

400 G Kalbsrücken ohne Sehnen und Deckel, in 1 mal 1 cm große Würfel geschnitten
2 rote Zwiebeln, geschält und in Würfel geschnitten
1 Knoblauchzehe, geschält und sehr fein gewürfelt
1 GLAS vom guten Lafer-Kalbsfond
200 ML Rotwein
6 ESSLÖFFEL Balsamicoessig
4 Rosmarinzweige
1 ESSLÖFFEL brauner Zucker
4 ESSLÖFFEL gutes Olivenöl
eventuell Salz und Pfeffer
1 Butterflocke, eiskalt

FÜR DEN RISOTTO

150 G Risottoreis (Arborio)
50 G Schalotten, geschält
100 ML trockener Weißwein
600 ML Gemüse- oder Kalbsfond
80 G Erbsen
2 HANDVOLL junger Blattspinat
CA. 100 G Parmesan
50 G Butter
Salz und schwarzer Pfeffer aus der Mühle und Olivenöl

ZUBEREITUNG

FÜR DEN TONNATO

Das Thunfischfilet am besten längs vierteln und in der heißen Pfanne in etwas Olivenöl mit dem Rosmarin und dem Knoblauch von allen Seiten ca. 20 Sekunden anbraten, vom Herd nehmen, mit Alufolie abdecken und noch 1 Minute in der Pfanne liegen lassen. Kurz vor dem Servieren salzen.

FÜR DAS VITELLO

Kalbsrücken salzen und leicht zuckern, in der heißen Pfanne rundum scharf anbraten, rausnehmen und beiseitestellen. In dem Bratensatz die roten Zwiebeln und den Knoblauch zusammen mit dem Zucker karamellisieren und mit dem Rotwein ablöschen, mit dem Fond auffüllen, den Rosmarin vom Stängel zupfen und dazugeben, alles zusammen bis auf die Hälfte runterkochen lassen. Den Balsamico dazugeben, mit Salz und Pfeffer abschmecken und eventuell mit etwas Speisestärke oder einer Flocke eiskalter Butter leicht binden. Kurz vor dem Servieren das Fleisch dazugeben. Kurz köcheln lassen und fertig.

FÜR DEN RISOTTO

Kalbs- oder Gemüsefond und Weißwein einmal zusammen aufkochen und beiseitestellen. Schalotten fein gewürfelt in Olivenöl zusammen mit dem Reis anschwitzen und unter ständigem Rühren nach und nach den Kalbs-Weißwein-Fond dazugeben, bis der Risotto noch ganz leichten Biss hat und schön cremig wirkt. Zum Schluss erst den Parmesan und dann die kalte Butter stückchenweise dazugeben und gut verrühren. Den Spinat und die Erbsen kurz in Butter anschwitzen, mit Salz und Pfeffer abschmecken und auch zu dem Risotto geben.

Den Thunfisch in schöne Scheiben schneiden; er darf und soll im Kern definitiv rot sein. Auf dem Risotto zusammen mit dem Kalbsragout samt Sauce anrichten.

BLAUBEEREN
GESCHICHTET MIT FRISCHKÄSE UND AMARETTINI

Zutaten für 4 Personen

ZUTATEN

FÜR DEN RICOTTA

200 G Frischkäse
200 G griechischer Joghurt
MARK VON ½ Vanilleschote
60 G Puderzucker
ABRIEB UND SAFT VON 1 Orange
80 G geriebene Mandeln
80 G brauner Zucker

AUSSERDEM

200 G Blaubeeren
20 STÜCK Amarettini, zerdrückt
120 ML Espresso
4 ESSLÖFFEL Amaretto

ZUBEREITUNG

FÜR DEN RICOTTA

Die Mandeln zusammen mit dem braunen Zucker in der beschichteten Pfanne karamellisieren; mit dem Orangensaft ablöschen, vom Herd nehmen und zusammen mit den restlichen Zutaten glatt rühren.

Den Amarettini-Bruch auf vier Gläser verteilen, mit dem Espresso und dem Amaretto beträufeln und darauf abwechselnd die Blaubeeren mit der Frischkäsecreme schichten.

MARTERIA

ESCHWEGE

28. OKTOBER 2008, NACHTHALLEN KASSEL

Eigentlich hatten wir den Job, für Dynamite Deluxe zu kochen, doch noch bevor sie die Bühne betraten, stand da plötzlich dieser Marsimoto, „Allein zu zweit" mit Marteria und DJ Nobodys Face.

Sein Verleger Götz Gottschalk hatte mir schon von den beiden erzählt, aber ich hatte bis dato von Marteria weder etwas gehört noch gesehen. Doch nach diesen 20 Minuten vor Dynamite Deluxe war sofort klar: Da wird noch was gehen. Drei Dinge sind mir von diesem Abend besonders in Erinnerung geblieben:

1. Die Textzeile „Keine isst, keine andere isst so viel wie du."
2. Ein Shirt, das Marten mir geschenkt hat und das ich heute noch trage.
3. Er hat gesagt: „Wenn ich mal auf eigene große Tour gehe, nehme ich dich mit!"

SKIP: 28. FEBRUAR 2014, 10.13 UHR

Original-Facebook-Nachricht:
hey... wie geil, wir gehn auf tour!!!!!!!!!!! bin überglücklich und ein traum geht damit in erfüllung... wolln wir mal quatschen wegen paar sachen? freu mich so...

Führt es euch mal vor Augen. Marteria geht zum ersten Mal auf große eigene Tour, fünf Jahre später, und er hat sein Versprechen nicht vergessen. Vom ersten Tag an fühlt es sich unfassbar gut an. Dieses Eine-Liebe-eine-Familie-Ding findet jeden Tag einfach so statt. Natürlich schlaucht diese Knochenmühle auch: jeden Tag zum Frühstück raus und schon mit den Ersten in der Location sein, den ganzen Tag kochen, und erst wenn die Bus-Brote verpackt sind und die Küche sauber ist, irgendwann in der Nacht, so ziemlich als Vorletzter in den Nightliner kriechen. Aber es ist wirklich jede Sekunde wert. Das ist Arbeit, die anstrengt, aber überglücklich macht.

„HEUT GIBT'S GAMBAS MIT WASABI UND CAMPARI-O."

SKIP: 13. JUNI 2015, IGA PARK ROSTOCK

20.000 Rostocker sind gekommen. Sie feiern diesen Marteria bei strömendem Regen; nicht nur die Luft, sondern unglaublich viele Bengalos brennen das ganze Konzert lang, dass mich eine Gänsehaut nach der anderen überrollt. Marten steht da oben und irgendwie will man jetzt mal ein paar Minuten mit ihm tauschen, so weit oben und doch auf dem Teppich geblieben. Wahrscheinlich einer der Gründe, warum es ist, wie es ist, und warum er ist, wie er ist.

„FÜR EUCH BIN ICH MARTEN."

SKIP: 9. AUGUST 2015, ESCHWEGE, WERRATAL SEE

Wir angeln. Marten und Nobodys Face, sechs Stunden bei 36 Grad, Gesicht verbrannt, nichts gefangen. Mein Wissen hat sich um das kleine Angel-ABC erweitert, um Angelruten und Köder und was sonst noch so dazugehört. Der Fisch bleibt trotz allergrößten Einsatzes fern. Zum Glück habe ich heimlich vorgebeugt und wir haben neben Backbarsch noch große Zanderfilets in die Röhre geschoben. Am Ende wurden wir doch noch satt.

Während ich meinen Sonnenstich kühle, steht Marten vor 20.000 Zuschauern auf der Bühne und wandelt diese sechs Stunden Sonne in geballte Energie um.

EINE LIEBE, EINE FAMILIE.

ASV-ESW 05

8-2
MRB NIVEA
DLRG

NEFF

ENERGIE LEBEN
VORREITER
dezentral
UNABHÄNGIG
Zukunft WIR
KEINE HALBEN SACHEN
Nordhessen
Erneuerbare Energien
HERZENS SACHE
innovativ
www.SolarFoodTruck.de
INNOVATIV
PHOTOVOLTAIK
SONNE
Heimat
KASSEL
verwurzelt
regional
effizient
nachhaltig

380

Brauner Zucker
Brauner Zucker

NEFF

NEFF
16

NEFF

BACKBARSCH
MIT REMOULADE IM WECKE

Zutaten für 4 Personen

ZUTATEN

FÜR DEN BACKBARSCH

4 Stück Barschfilet ohne Haut und Gräten (im besten Fall selbst geangelt)

Salz und etwas Zitronensaft zum Würzen

Mehl zum Mehlieren

FÜR DEN BACKTEIG

2 Eier

100 g Mehl

80 ml Malzbier

80 ml Mineralwasser

Salz

FÜR DIE REMOULADE

200 g Mayonnaise

1 Teelöffel grober Senf

2 Stängel Blattpetersilie, samt Stängel fein geschnitten

½ Apfel, geschält, entkernt und in feine Würfel geschnitten

Saft und Abrieb von einer ½ Zitrone

5 Apfelkapern, fein gehackt

1 Sardellenfilet

1 Gewürzgurke, fein gewürfelt

40 ml Fond von der Gewürzgurke

Salz und Pfeffer aus der Mühle zum Abschmecken

AUSSERDEM

Öl oder Butterschmalz, um den Backfisch auszubacken

4 frisch gebackene Brötchen

Kopfsalat, Gurkenscheiben und Zitronenecken für die Optik

ZUBEREITUNG

FÜR DEN BACKBARSCH

Die Barschfilets trocken tupfen, würzen, leicht mehlieren und dann abklopfen.

FÜR DEN BACKTEIG

Eier trennen und dann von dem Eigelb und den anderen Zutaten einen Teig anrühren. Das Eiweiß steif schlagen und vorsichtig unter den Backteig heben; eventuell mit Salz nachschmecken und für 15 Minuten stehen lassen. Jetzt die mehlierten Barschfilets durch den Backteig ziehen und im heißen Fett goldbraun ausbacken. Auf Küchenkrepp legen und kurz abtropfen lassen.

FÜR DIE REMOULADE

Alle Zutaten gut miteinander verrühren und mit Salz und Pfeffer aus der Mühle abschmecken.

Den goldbraunen Backbarsch zusammen mit dem Kopfsalat und der Remoulade im Brötchen anrichten und sofort essen.

OFENZANDER
MIT VIEL KRÄUTERN UND GURKENSALAT

Zutaten für 4 Personen

ZUTATEN

FÜR DEN ZANDER

800 g Zanderfilet mit Haut, gerne ohne Gräten
100 g Apfelkapern
100 g halb getrocknete Tomaten
2 Zwiebeln, geschält und in Streifen geschnitten
300 g bissfest gekochte Kartoffeln, in Spalten geschnitten
3 Zweige Thymian, gezupft und fein geschnitten
3 Zweige Rosmarin, gezupft und fein geschnitten
120 g weiche Butter
Salz und schwarzer Pfeffer aus der Mühle

FÜR DEN GURKENSALAT

1 Salatgurke, geschält und in Scheiben geschnitten
3 Stängel Dill, samt Stängel fein geschnitten
2 Esslöffel gutes Pflanzenöl
250 g Schmand
½ Teelöffel geröstete Senfsaat
1 Teelöffel grober Senf
Abrieb und Saft von einer ½ Zitrone
1 Teelöffel Honig
Salz und Pfeffer aus der Mühle zum Abschmecken

ZUBEREITUNG

FÜR DEN ZANDER

Alle Zutaten außer dem Zander miteinander vermengen, salzen und pfeffern und auf ein Backblech geben. Die Zanderfilets salzen und eventuell mit Zitronensaft beträufeln, mit der Hautseite nach oben auf die Kartoffelmasse legen und bei 200 Grad für 15 Minuten im Ofen backen.

FÜR DEN GURKENSALAT

Alle Zutaten außer den Gurkenscheiben gut miteinander verrühren, mit Salz und Pfeffer abschmecken, die Gurkenscheiben dazugeben und servieren.

GEFLÄMMTE ANANAS

PLUS TOUR-SMOOTHIE

Zutaten für 4 Personen

ZUTATEN

FÜR DIE ANANAS

1 reife Ananas, geachtelt, ohne Strunk

brauner Zucker

Rum

FÜR DEN TOUR-SMOOTHIE

200 ML naturtrüber Apfelsaft, gerne auch selbst entsaftet

5 große Blätter Kopfsalat

50 G Rote Bete, geschält und klein geschnitten

1 HASELNUSSGROSSES STÜCK Ingwer, geschält und klein geschnitten

½ Banane, geschält

SAFT VON EINER ½ Zitrone

ZUBEREITUNG

FÜR DIE ANANAS

Die Ananas mit Rum kräftig einreiben, kurz in braunen Zucker drücken und sofort mithilfe eines Bunsenbrenners abflämmen, bis 20 zählen und direkt essen.

FÜR DEN TOUR-SMOOTHIE

Alle Zutaten in einen leistungsstarken Mixer geben und gut mixen. Wer es mag, kann noch super ein bisschen Chili dazugeben.

NICO SUAVE UND JOHANNES OERDING

HAMBURG

Gefühlt ist Nico schon immer dabei, mal mehr und mal weniger, aber auf dem Zettel hatte ich ihn irgendwie immer. Zum ersten Mal habe ich ihn 1999 mit Dendemann auf dem „EinsZwo"-Track „Sternzeichen Krebs" gehört, in diesem Kontext auch immer wieder live gesehen und sogar für ihn gekocht, ohne dass er es wusste. Dann gab es eine Zeit, in der ich ihn ein bisschen aus den Augen verloren hatte, aber wirklich weg war Nico eigentlich nie und mit „unvergesslich" schlicht unvergesslich.

Auch für Johannes hatten wir immer mal wieder gekocht, ohne dass er es eigentlich wusste. Auf der „Ich & Ich"-Tour, auf der er als Support gespielt hatte, sind wir sogar mal ins Gespräch gekommen. Seine Konzerte habe ich meist hinter der Bühne stehend verfolgt und fand vor allem, dass er kein bisschen aufgesetzt ist, sondern ein authentischer Künstler: einfach, ehrlich, gut.

SKIP: 20. JULI 2014, XAVIER NAIDOO OPEN AIR WILHELMSTHAL

Auf der Open-Air-Tour von Xavier Naidoo steht Nico sowohl vor als auch mit Xavier auf der Bühne. Da in der Küche eher weniger zu tun ist, scheint mir die Gelegenheit perfekt, um mir Nico zu schnappen. Der hat ohnehin schon von mir und meinem Buch gehört. Alles ist relativ schnell eingetütet, wobei zwischen Eintüten, Terminfindung und dem tatsächlichen gemeinsamen Kochen bei manchen Künstlern nur 24 Stunden liegen – und bei manchen anderen ein ganzes Leben. Nico und Johannes gehören definitiv zu den 24 Stunden.

SKIP: 6. MAI 2015, HAMBURG, GEFUNDENES FRESSEN

Zu einer Veranstaltung der Whiskeybrennerei Tullamore im „Gefundenen Fressen" sind gut 50 nette Kollegen und Gäste gekommen. Nico ist auch da. Gleich nach der Begrüßung checken wir schon, wann, wie und mit wem wir unser lange geplantes Koch-Shooting machen. Nico hatte gerade mit Johannes und Samy Deluxe die Live-Version seines Songs „Walking" geplant und so fand ich die Idee sensationell das Shooting mit Johannes und Nico durchzuziehen.

SKIP: 18. AUGUST, HAMBURG, BEI HANNES ARENDHOLZ

Mein Kochkumpel Hannes Arendholz hat eine sensationelle Location in Hamburg, die rein zufällig an diesem Tag frei ist. Wir können also gleich Nägel mit Köpfen machen. Die Jungs haben rund 20 Kollegen eingeladen und somit haben wir schon einiges zu tun, um pünktlich für die Gäste bereit zu sein. Nico will Linsensuppe, die wir recht orientalisch halten und mit Joghurt und Sesam kurz vor knapp verfeinern. Johannes will Döner, den wir mit rosa Roastbeef, richtig geilem Rot- und Weißkohl und sensationeller Knoblauchsauce pimpen. Und zum Nachtisch, hab ich mir gedacht, wäre Hamburger rote Grütze mit Vanillesauce in alter Tradition der gelungene Abschluss.

Beide haben auf jeden Fall so viel Bock zu kochen, dass wir es schon noch komplizierter machen könnten. Aber nicht zuletzt wegen der coolen Runde müssen wir es uns ja auch nicht schwerer machen als nötig. Das Essen sieht ohnehin schon so aus, als hätten wir es mehrere Stunden lang vorbereitet. Johannes ist übrigens der erste Künstler, der beim Shooting seine Gitarre dabeihat – und so gibt es zum ersten Mal in 23 Shootings echte Live-Musik. Morgens gegen ein Uhr, nachdem der letzte Gast gegangen ist, mache ich mit Hannes noch klar Schiff. Aber diese Woche verging ohnehin wie im Rausch, sodass Schlaf nicht das Thema Nummer eins ist.

„UND JEDER WEISS, WIE DAS IST,
WENN MAN DAS SCHLAFEN VERGISST"

NICO SUAVE
JOHANNES OERDING
BIO

LINSENSUPPE
MIT KORIANDERJOGHURT UND SESAM

Zutaten für 4 Personen

ZUTATEN

FÜR DIE LINSENSUPPE

200 G rote Linsen

1 weiße Zwiebel, geschält und fein gewürfelt

2 Möhren, geschält und fein gewürfelt

2 Kartoffeln, geschält und fein gewürfelt

1 Petersilienwurzel, geschält und fein gewürfelt

1 Knoblauchzehe, geschält und fein geschnitten

1 TEELÖFFEL gelbe Currypaste

1 TEELÖFFEL Koriandersaat

1 TEELÖFFEL gutes Curry

½ TEELÖFFEL Kreuzkümmel

1 Chilischote, gerne mit Kernen, fein geschnitten

1 WALNUSSGROSSES STÜCK Ingwer, geschält und fein geschnitten

1,2 LITER gute Gemüse- oder Fleischbrühe

Olivenöl zum Anschwitzen

Zucker, Salz und schwarzer Pfeffer aus der Mühle zum Abschmecken, alternativ helle Sojasauce

FÜR DEN JOGHURT

100 G griechischer Joghurt

10 BLÄTTER Koriander, fein geschnitten

1 SPRITZER Honig

Salz zum Abschmecken

AUSSERDEM

1 ESSLÖFFEL gerösteter schwarzer und weißer Sesam

Korianderblätter zur Deko

Sherryessig

ZUBEREITUNG

FÜR DIE LINSENSUPPE

Koriandersaat und Currypaste kurz anrösten und Olivenöl dazugeben, genauso wie die Zwiebel, die Möhren, die Petersilienwurzel, die Kartoffeln, den Ingwer, die Chili und die restlichen Gewürze, dann das Ganze kurz anschwitzen und mit der Brühe auffüllen. Die Suppe sollte schon 45 Minuten bei kleiner Hitze köcheln. Wir haben sie nach dem Kochen püriert, weil Nico das cooler fand, man kann sie aber auch mehr eintopflike lassen, das passt auch fabelhaft. Abschmecken kann man sie dann entweder mit heller Sojasauce oder Salz und etwas Zucker. Ich persönlich mag sehr gerne schwarzen Pfeffer aus der Mühle und einen Schuss Essig.

FÜR DEN JOGHURT

Alle Zutaten gut miteinander verrühren und mit Salz abschmecken.

Die Suppe mit einem Klecks Joghurt, gezupften Korianderblättern, Sesam und einem Schuss Essig servieren.

BEEF DÖNER

Zutaten für 4 Personen

ZUTATEN

FÜR DAS ROASTBEEF

600 G Roastbeef ohne Sehnen und Deckel, in Streifen geschnitten
4 Esslöffel Olivenöl
1 Teelöffel Koriandersaat, geröstet und gemörsert
1 Chilischote, fein geschnitten
Zucker, Salz und schwarzer Pfeffer aus der Mühle

FÜR DEN WEISSKOHL

200 G Weißkohl, fein gehobelt oder geschnitten
2 Stängel Koriander, fein geschnitten, samt Stängel
Abrieb und Saft von ½ Zitrone
1 Esslöffel Sweet Chilisauce
3 Esslöffel geröstetes Sesamöl
½ Teelöffel Zucker
Salz zum Abschmecken

FÜR DEN ROTKOHL

200 G Rotkohl, fein gehobelt oder geschnitten
1 kleiner Apfel, geschält, entkernt und sehr fein gewürfelt
1 kleine rote Zwiebel, geschält und fein geschnitten
2 Esslöffel Preiselbeeressig
3 Esslöffel Walnussöl
Salz zum Abschmecken

FÜR DIE KNOBLAUCHSAUCE

150 G griechischer Joghurt
100 G Quark
½ Gurke, geschält und fein gerieben
1 Knoblauchzehe, geschält und mithilfe von grobem Salz gerieben
Abrieb und Saft von ½ Zitrone
Salz und schwarzer Pfeffer aus der Mühle

AUSSERDEM

verschiedene Tomaten, in Scheiben geschnitten
Zwiebelringe
Endiviensalat, gewaschen und fein geschnitten
1-mal das bestmögliche Fladenbrot der Stadt

ZUBEREITUNG

FÜR DAS ROASTBEEF

Fleisch leicht zuckern und salzen und zusammen mit dem Chili und der Koriandersaat mit Olivenöl marinieren. Kurz vor dem Servieren in der heißen Pfanne kurz und scharf anbraten und mit ordentlich Pfeffer würzen.

FÜR DEN WEISSKOHL

Alle Zutaten gut miteinander verkneten und mit Salz abschmecken.

FÜR DEN ROTKOHL

Alle Zutaten gut miteinander verkneten und mit Salz abschmecken.

FÜR DIE KNOBLAUCHSAUCE

Alle Zutaten gut miteinander verrühren und mit Salz und Pfeffer abschmecken.

Das Fladenbrot vierteln, im Ofen knusprig backen, Taschen in das Brot schneiden und mit allen Zutaten dönermäßig füllen.

HAMBURGER ROTE GRÜTZE
MIT VANILLE

Zutaten für 4 Personen

ZUTATEN

FÜR DIE GRÜTZE

80 G Blaubeeren
80 G Erdbeeren, geputzt und geviertelt
80 G Johannisbeeren gezupft
80 G Himbeeren
300 ML Kirschsaft
50 ML Cassis
80 G brauner Zucker
Mark von ¼ Vanilleschote
1 Sternanis
1 Stange Zimt
Saft und Abrieb von ½ Orange
Speisestärke zum Andicken

FÜR DIE VANILLESAUCE

½ Vanilleschote längs halbiert
250 ML Sahne
80 G Puderzucker
Speisestärke zum Andicken

ZUBEREITUNG

FÜR DIE GRÜTZE

Den Zucker karamellisieren und mit dem Kirschsaft und dem Cassis ablöschen, die Vanilleschote, den Sternanis und den Zimt dazugeben, genauso wie den Abrieb und den Saft von der Orange. Alles zusammen köcheln lassen, bis der Karamell sich gelöst hat, mit Speisestärke leicht andicken, vom Herd nehmen, die Beeren unterrühren und kalt stellen.

FÜR DIE VANILLESAUCE

Die Sahne zusammen mit der Vanille aufkochen, den Puderzucker dazugeben und mit etwas Speisestärke leicht andicken und kühl stellen.

Die Vanilleschote bzw. den Sternanis und die Zimtstange rausnehmen und beides zusammen anrichten.

TEESY UND GERARD

BERLIN

„MANCHMAL KOMMT ALLES GANZ ANDERS, ALS MAN DENKT
MANCHMAL IST DIESES ANDERS AUCH GUT
DENN MANCHMAL BIST DIESES ANDERS AUCH DU."

Es war ursprünglich mein Wunsch, für „Kochen Unplugged 2" immer zwei Künstler in ein Shooting zu bringen, was an Terminstress und verschiedenen Kleinigkeiten zwar nicht komplett gescheitert ist, aber zumindest nur selten geklappt hat. Wenn es aber funktioniert hat, dann so richtig!

Ich weiß gar nicht, wie gut sich Teesy und Gerard schon vorher kannten, aber mein Ziel war es, entweder perfekte Kombinationen zu finden wie z. B. Afrob und Samy Deluxe oder Xavier Naidoo und Moses Pelham – oder es sich einfach ergeben zu lassen. Das Shooting mit den beiden war tatsächlich innerhalb von ein paar Stunden auf der Terrasse des Rio Grande direkt an der Spree mit beiden Managements besprochen und auch dieser Abend hat gezeigt: Unverkopft ist manchmal besser.

BERLIN, 13. SEPTEMBER 2013, HEIMATHAFEN NEUKÖLLN

Auf der Hochzeit von gemeinsamen Freunden treffe ich Gerard zum ersten Mal. Ohne bis dahin viel Musik von ihm gehört zu haben, ist da eine Grundsympathie, vor allem aber auch eine unglaubliche Euphorie und Liebe für das, was er macht und wie er davon erzählt. Genau so ein Gespräch hatte ich mal vor vielen Jahren mit Marteria. Da Gerards Album „Blausicht" ganz kurz vor der Veröffentlichung steht, ist der Plan, eigentlich schon für mein erstes „Kochen Unplugged"-Buch alles in Blau zu kochen. Das klappt dann zeitlich nicht mehr, dafür zwei Jahre später umso besser: nicht ganz so blau, aber sehr lecker.

Auf Teesy gestoßen bin ich durch das Megaloh-Feature auf seinem Song „Generation Maybe". Ich finde ohnehin, dass Features die perfekte Methode sind, um neue Künstler kennenzulernen. Das ist ja auch eines der „Glücksrezepte" für mein Buch. Natürlich hab ich gecheckt, dass er schon mit Cro auf Tour war. Den ersten Kontakt hat dann aber Steffen Posner von Chimperator eingetütet, und zwar auf den HipHop Open 2015, wo sich dann herausgestellt hat, dass Kitsune, den ich schon kannte, sich um Teesys Management kümmert. So nahm alles seinen Lauf.

Ein weiteres „Glücksrezept" für dieses Buch ist immer wieder dieses: Ich kenn jemanden, der wieder jemanden kennt, der wieder jemanden kennt, den ich dann eigentlich doch schon kannte.

SKIP: BERLIN, 6. AUGUST 2015

36 Grad am Alexanderplatz. Gerard kümmert sich um sein Tatar, das wir einerseits sehr klassisch, andererseits aber auch überhaupt nicht „Standard" mit lauwarmem Sellerie und Wiesenkräutern anrichten. Teesy wollte unbedingt Bolognese machen, für die wir zum einen Schweineschulter aus dem Ofen gezupft und zum anderen eine richtig gute Tomatensauce gekocht haben, um beides dann zusammenzuführen und mit Penne und viel Parmesan zu verschlingen. Der Nachtisch ist bei der sommerlichen Hitze sehr, sehr leicht ausgefallen: Wir haben einfache Eisdielen-Hörnchen mit griechischem Joghurt und Himbeer-Blitzfrost gemacht – für diesen Abend der perfekte Abschluss.

Danke oder Merci oder Thank you oder Grazie oder Gracias oder Shurkan oder Spasiba …

TE
ESY
GER
D
AR

PRODUCED AND BOTTLED BY
Mast-
Jägermeister SE
WOLFENBÜTTEL
GERMANY
1,0 l
35% vol

ASTRA

KALBSTATAR
MIT SELLERIEPÜ UND WIESENKRAUT

Zutaten für 4 Personen

ZUTATEN

FÜR DAS TATAR

500 G Kalbsteakhüfte, mit dem Messer fein geschnitten

1 Esslöffel Kapern, fein gehackt

8 Cornichons, in feine Würfel geschnitten

1 Bund Schnittlauch, in feine Ringe geschnitten

1 kleine Zwiebel, geschält und in feine Würfel geschnitten

Abrieb von ½ Zitrone

1 Esslöffel grober Senf

1 Esslöffel Ketchup

schwarzer Pfeffer aus der Mühle, etwas Zucker und gutes Salz zum Abschmecken

eventuell Cayennepfeffer

etwas Olivenöl

FÜR DAS SELLERIEPÜ

250 G Sellerieknolle, geschält und gewürfelt

150 ML Sahne

100 ML Gemüsebrühe

Salz und Pfeffer zum Abschmecken

AUSSERDEM

1 Chilischote ohne Kerne, in feine Streifen geschnitten

2 Handvoll Wiesenkräuter für die Optik

Etwas Zitronenöl

ZUBEREITUNG

FÜR DAS TATAR

Alle Zutaten gut und mit Gefühl miteinander verkneten und mit Pfeffer, Salz und Zucker abschmecken.

FÜR DAS SELLERIEPÜ

Alles zusammen in einen Topf geben, bei kleiner Hitze 35 Minuten köcheln lassen und dann mixen. Eventuell eine Butterflocke unterrühren und mit Salz und Pfeffer aus der Mühle abschmecken.

Das Pü lauwarm mit dem Tatar, den Wiesenkräutern, dem Chili und etwas Zitronenöl anrichten.

PULLED PORK
MEETS BOLOGNESE

Zutaten für 4 Personen

ZUTATEN

FÜR DAS PULLED PORK

600 G Schweineschulter ohne Knochen

2 ESSLÖFFEL Senf

2 ZWEIGE Rosmarin, gezupft

2 ZWEIGE Thymian, gezupft

1 Knoblauchzehe, geschält und fein geschnitten

6 ESSLÖFFEL Olivenöl

½ TEELÖFFEL Räucheröl

1 ESSLÖFFEL Honig

Salz und schwarzer Pfeffer aus der Mühle

FÜR DIE BOLOGNESE

200 ML Rotwein

1 Zwiebel, geschält und fein gewürfelt

1 Pastinake, geschält und fein gewürfelt

2 STANGEN Staudensellerie, fein gewürfelt

1 Möhre, geschält und fein gewürfelt

1 Chilischote, fein geschnitten

1 Knoblauchzehe, geschält und fein gewürfelt

JEWEILS 1 Zweig Oregano, Rosmarin und Thymian, gezupft und fein geschnitten

20 BLÄTTER Basilikum, gezupft

Zucker, Salz und schwarzer Pfeffer aus der Mühle

AUSSERDEM

500 G Penne, bissfest gekocht

reichlich Parmesan zum Frisch-über-die-Nudeln-Reiben

Basilikumblätter für die Optik

ZUBEREITUNG

FÜR DAS PULLED PORK

Die Schweineschulter kräftig salzen, aus den restlichen Zutaten eine Marinade anrühren und damit die gesalzene Schulter gut einreiben, auf ein Gitterblech geben und bei 100 Grad am besten über Nacht für 10 Stunden in den Ofen. Wie ich gelernt habe, zupft man ja eine Schweineschulter im Original-Pulled-Pork-Rezept mit einer Bärenkralle, geht aber auch ganz easy mit zwei Gabeln.

FÜR DIE BOLOGNESE

Zwiebeln, Pastinake, Staudensellerie, Chili, Knoblauch und Möhre mit 1 Esslöffel Zucker in Olivenöl anschwitzen, mit Rotwein ablöschen; sobald der Rotwein fast verkocht ist, mit den Schältomaten auffüllen. Das Ganze für 1 Stunde bei schwacher Hitze köcheln lassen, dann die Kräuter dazugeben und weitere 10 Minuten köcheln lassen.

Um es zu Ende zu bringen, das gezupfte Fleisch in die Tomatensauce geben, mit Salz und Pfeffer aus der Mühle abschmecken und mit den Penne, dem Parmesan und den Basilikumblättern servieren.

FROSTIGE HIMBEERHÖRNCHEN

Zutaten für 4 Personen

ZUTATEN

FÜR DEN HIMBEERFROST

400 G Himbeeren, tiefgefroren

200 ML Wasser

Blätter von 4 Stängeln Minze

½ Vanilleschote, längs halbiert

Abrieb und Saft von 1 Limette

40 ML Himbeergeist

120 G Zucker

AUSSERDEM

100 G griechischer Joghurt, glatt gerührt

4 Eiswaffeln / Hörnchen

12 frische Himbeeren und Minze für die Optik

ZUBEREITUNG

FÜR DEN HIMBEERFROST

Das Wasser mit dem Zucker, dem Limettensaft sowie der Vanille in einem Topf zum Kochen bringen, bis der Zucker komplett gelöst ist. Die Vanilleschote rausnehmen, den Limettenabrieb dazugeben und die Flüssigkeit kühl stellen. Kurz vor dem Servieren die Flüssigkeit zusammen mit den gefrorenen Beeren und der Minze fein mixen und fertig ist der Himbeerfrost.

Den Frost jeweils mit etwas Joghurt in den Hörnchen anrichten und mit Minze und Himbeeren dekorieren.

DAS LETZTE WORT

VON STEVAN PAUL

Es gibt nur wenige Dinge im Leben, die das Herz so berühren und den Bauch und den Kopf, wie Musik und Essen. Beide Disziplinen gehören zudem zu jenen „schönsten Dingen im Leben“, die man zwar auch alleine gut machen kann, gemeinsam macht es aber einfach mehr Spaß. Gemeinsam Musik entdecken und hören, zusammen kochen und das Essen genießen. Zum Teilen gehören auch Erfahrungen, Geschmack, der Augenblick. Essen und Musik halten die Welt zusammen, bedeuten Freundschaft, schaffen Gemeinsamkeit – es ist ein Lebensgefühl.

Als ich Christoph Brands ersten Band von „Kochen Unplugged“ in den Händen hielt, begeisterte mich, dass es ihm, seinem Team und seinen Gästen gelungen war, dieses Lebensgefühl in opulenten, rauen und echten Reportagebildern einzufangen, die den Moment dokumentieren, während die kreativen Rezepte Machbarkeit versprachen. Und wer da alles in der Küche Spaß hatte! Da waren Künstler dabei, deren Musik mich schon sehr lange begleitet, und neue Musiker, die ich aktuell besonders gerne hörte. Auch als Fan gefiel mir das Buch, die Artists mal locker zwischen Töpfen und Pfannen zu sehen statt auf der Bühne zwischen Boxentürmen.

Am Ende des Buches angelangt war ich auch Fan von Christoph Brand, dem kreativen Mastermind hinter den Fliegenden Köchen, Deutschlands erstem Solar Food Truck, den temporären Restaurants „Amy's Weinhaus“ und „Heimat“. Christoph Brand kocht immer schon ausschließlich für seine Gäste unkonventionell, unprätentiös, immer überraschend. Und oft genug sind das Künstler, Bands und Musiker auf Tour, die die Küche der Fliegenden Köche genießen. Alle kennen Christoph und Christoph kennt sie alle. Und er ist es, der die Leute zusammenbringt: beim Essen, zum Kochen, für eine gute Zeit ... auch das ist eine Begabung von ihm.

Dies ist ihm auch für den vorliegenden zweiten Band von „Kochen Unplugged“ gelungen, einem Buch, das von Herzblut geprägt ist, das man nur aufbringen kann, wenn man seine Sache liebt. Neue Gäste und Wiederholungstäter werkeln zusammen in der Küche, die kreativen Rezepte lassen selbst den Profi staunen, außerdem ist das Buch wunderschön gestaltet. Die Foodfotografie und die Schwarz-Weiß-Aufnahmen aus der Küche sind brillant, der Spaß, den sie vermitteln, so ansteckend wie appetitanregend. Und darum geht es eigentlich: ums Kochen, die Freundschaft, die Musik, um die unbändige Lust, nach der Lektüre des Buches selbst mit den Rezepten und den besten Freunden die eigene Küche zu stürmen. Die Musik laut aufdrehen...

UND LOS !!

DAS ALLERLETZTE WORT

CHRISTOPH BRAND

Es kommt mir vor, als hätte ich es schon mal geschrieben, denn ich habe glücklicherweise die gleiche Crew wie beim ersten Buch zusammen, somit gibt es viele Wiederholungstäter, was aber nichts daran ändert, es immer wieder zu sagen: DANKE!

An die beiden fabelhaften Fotografen Rüdiger Glatz und Thilo Ross plus Anni Thoms, die fotomäßig noch mal einen draufgesetzt haben, an IMAGEAGENCY, an Wolfi, Hannes, Lukas und Max für das unfassbare Artwork, an Atelier Kontrast, Stephan Szillus für jede einzelne Zeile, meine fliegenden Köche Basti Brand, Alex Gemar, Sonja Biederbeck, Paul Scholz, Christoph Werner, Max Pilgrim, Eni Busse, Elo Degenhardt, Sabrina Gaußmann, Angie Jaiter und Julia Becker fürs Rücken-frei-Halten, an die Heimat mit Catha Kalb, Steffi Gaußmann und Johanna Goedert, an meinen FK-Partner Sascha auf die nächsten 10 Jahre und mehr, an Super Mario für jederzeit bereit, an meinen Kochen-Unplugged-Partner Marc und Franzi für die kleinen Dinge, an Bestbuddie Ludwig Maurer, an Daniel für den ein oder anderen guten Tropfen, Falk Schacht für das Dazwischen-, Daneben- und Mittendrinsein, an Stevan Paul für das letzte Wort, an Moritz Haidle für seinen „Ritz", an jeden einzelnen Künstler in diesem Buch, ASD, Samy Deluxe und Afrob, Gisela Sorge, Sebastian Winkler und die Kunstwerkstadt, an Eskapaden Musik und Deirdre Weiss-Laughton, an Mark Forster und sektor3 live, Esteban de Alcázar und Henriette Noack, an Moses Pelham und Sascha Ewert, 3p, Xavier Naidoo und Stefanie Johst, an Simone fürs Dranbleiben und das tatsächliche Eintüten, an Peggy Weiß, Chimperator, Steffen Posner, Laura und Heide von Guerilla Entertainment, Konrad Sommermeyer, Tim Bendzko, an die zauberhafte Elif, Fetsum und seine wunderbare Familie, Chima für das Blitz-Shooting, Nico Suave und Johannes Oerding, Nicolas Gundel und Cruiser Entertainment, an Chefket, an Marteria und Nobodys Face für die Angel Action, an Tobi Regel, Klaus Börlitz, Lars Grewe und Chris Berndt, an Gerard und Teesy, Sherin Kürten Szillus, Heart Working Class, DJ Kitsune und Starting Lineup. An Curse für die 10 Gesetze, an Nils Faller fürs mixen, Busy fürs mastern und die Beatgees fürs Studio. An Jägermeister, besonders an Conny Schäfer und Martina Kiefer, an Miriam Adler für den Kampf vor Ort, an die Proof and Sons Connection, Olek, Dani und Doreen, an alle Locations in Berlin, Hamburg, Kassel, Eschwege und Heidelberg. Besonders an die Buddies aus der Kochbox in Berlin, Heiko und Walde, Erik und Sören, an Hannes und Sebastian von foodboom.de, an die Heimat mit allem Pipapo, an die DLRG aus Eschwege fürs Paddeln, an die Halle02, besonders an Fiona fürs Helfen, und an, alle die ich vergessen habe.

Und auch das hat sich nicht geändert, eher im Gegenteil, tausendmal mehr alles, was ich an Liebe habe, an meine wohl beste Frau der Welt Annett und meine 2 kleinen Sonnenscheine Jule und Anni, meine Mum für alles Drum und Dran und den Rest der Familienbande fürs Dasein.

DANKE!!

IMPRESSUM

COPYRIGHT
Kochen Unplugged GmbH
Wigandstraße 17
34131 Kassel
www.Kochen-Unplugged.com

REZEPTE / IDEE
Christoph Brand
www.Christoph-Brand.com

TEXTE
Christoph Brand
Stephan Szillus
Stevan Paul

FOTOGRAFIE
Image Agency
Thilo Roß
Ruediger Glatz
www.imageagency.com

BILDSELEKTION UND -GESTALTUNG
Annica Thoms

LAYOUT / DESIGN
Atelier Kontrast – Design Agency
www.atelierkontrast.com

DRUCK
Werbedruck GmbH Horst Schreckhase
www.schreckhase.de

ISBN 978-3-00-051226-1